Desde la primera publicación de *Nueve días*
2006, hemos recibido muchas reacciones de g
rada y alentada por la historia: correos electró

y conversaciones con hombres y mujeres de todas las clases sociales.
Éstos son algunos de ellos, todos confirmando lo que ya sabíamos:
esta historia debía ser contada.

Gracias por tal visión y sabiduría con *Nueve días en el cielo*.
Está profundamente escrito y fácil de entender. Me abruma su
lectura y, en ocasiones, tengo que dejarlo a un lado, ya que es
muy sustancioso. Necesito tiempo para digerirlo y permitir que
el Espíritu Santo revele su poder en mí. De todos modos, gracias nuevamente por tomarse el tiempo para seguir hacia adelante con esta obra. ¡Esta es una lectura obligada!

—Vía correo electrónico, Estados Unidos

Me siento como si fuera Marietta en la historia; como si hubiera
pasado por todo eso. Estoy muy agradecida por este libro. Es
como si alguien me hubiera regalado un rubí. Yo quiero ir al
cielo. Me ha animado a vivir una vida más piadosa.

—J.C., Melbourne, Australia

Mi hija Alexandra nació prematura. Dios me permitió soste-
nerla, cantarle y consolarla durante noventa minutos, antes de
llevársela. *Nueve días en el cielo* fue una gran ayuda para mí.
Han pasado casi seis años desde que mi ángel se fue, y cuando
comienzo de nuevo a tornarme egoísta, releo *Nueve días en
el cielo* para recordar cómo es su vida ahora. Ella recibe más
amor y cuidado que los que cualquier padre terrenal podría
darle. Gracias y que Dios les bendiga.

—J.C.C. II, Estados Unidos

Hace once meses que perdimos nuestro nieto inesperadamente.
Él tenía sólo unos pocos días de edad. Quiero agradecer sin-
ceramente a los dos por tomarse el tiempo y el esfuerzo labo-
rioso para volver a escribir el libro que tan seriamente les fue
otorgado. Leí *Nueve días en el cielo* unas semanas después
de nuestra pérdida, y fue de gran consuelo. Leo las partes

relacionadas con el paraíso infantil una y otra vez. Gracias nuevamente por volver a poner esta visión en circulación. Gracias a mis amigos, que siguieron el impulso de Dios para pasármela. Desde entonces, he comprado varios ejemplares de este libro y le he dado una copia a todos los que mostraron interés por su lectura.

—L. L., Queensland, Australia

Fui absoluta y totalmente inspirado. Normalmente no soy un lector voraz, pero no podía dejar de leerlo.

—De un pastor en Melbourne, Australia

Después de intentar concebir durante unos ocho años, una pareja tuvo un niño. Trágicamente, cuando el niño tenía unos siete años de edad, murió de cáncer. Los padres no pudieron tener más hijos y estaban devastados. El padre pensó en suicidarse, pensando que así iba a poder ver a su hijo nuevamente. Alguien les dio una copia de este libro, lo cual les ayudó enormemente, y el padre pudo superar sus pensamientos suicidas.

—De un pastor en Melbourne, Australia

Una señora entró a nuestra librería. Su hija había dado a luz a gemelos y uno de ellos murió al nacer. Ella me preguntó si yo sabía de algún libro que pudiera ayudar a su hija. Pensé en *Nueve días en el cielo* y le dije que lo conocía a usted, y que sabía un poco acerca de sus circunstancias similares a las de ella. Hoy estuvo nuevamente en la tienda, me dijo lo mucho que el libro había ayudado a su hija, y me dio las gracias por recomendárselo.

—Vía correo electrónico desde una librería en Melbourne, Australia

Un ministro episcopal en Melbourne, Australia, nos llamó. Él acababa de leer el libro. Dijo que era un libro asombroso, increíble, y estaba profundamente impactado por la historia. Enseñaba temas cristianos en una escuela privada y obtuvo un número de copias del libro para sus alumnos.

El padre de nuestro yerno, un cristiano, murió hace unos años.

Durante su enfermedad, miembros de su familia leyeron el libro. Una de ellas era una nuera que no era cristiana. Ella fue tan impactada que regaló un número de copias, aún antes de convertirse en cristiana.

Muchas personas han comprado varias copias para regalar. No es raro para ellos comprar cinco o diez ejemplares a la vez. Una señora obtuvo sobre cuarenta ejemplares en un año. Un hombre cristiano ortodoxo compró veinte copias. Las regaló a sus amigos como una manera de compartir el evangelio. Cuando se le acabaron, nos contactó para comprar otro centenar de ejemplares.

Una iglesia en Singapur obtuvo una copia, la imprimió y la comercializó en Singapur. También escribió una obra basada en el libro y, durante la presentación, cerca de setenta personas se convirtieron al cristianismo.

—Dennis y Nolene Prince

Nueve días en el CIELO

en el

Una historia verídica

Nueve días en el CIELO

Una historia verídica

DENNIS & NOLENE PRINCE

CASA
CREACIÓN

La mayoría de los productos de Casa Creación están disponibles a un precio de descuento en cantidades de mayoreo, para promociones de ventas, ofertas especiales, levantar fondos y atender necesidades educativas. Para más información, escriba a Casa Creación, 600 Rinehart Road, Lake Mary, Florida, 32746; o llame al teléfono (407) 333-7117 en Estados Unidos.

Nueve días en el cielo por Dennis y Nolene Prince
Publicado por Casa Creación
Una compañía de Charisma Media
600 Rinehart Road
Lake Mary, Florida 32746
www.casacreacion.com

A menos que se indique lo contrario, todos los textos bíblicos han sido tomados de la *Santa Biblia*, versión Reina-Valera, revisión 1960. Usada con permiso.

Las citas bíblicas marcadas con NVI han sido tomadas de la *Santa Biblia*, Nueva Versión Internacional. Copyright © 1999 por la International Bible Society. Usada con permiso.

Traducido por: Tony Rivera y Marysol Salazar
Director de diseño: Bill Johnson
Diseño de Portada: Nathan Morgan

Originally published in the U.S.A. under the title:
Nine Days in Heaven, a True Story
Published by Charisma House, A Charisma Media Company,
Lake Mary, FL 32746 USA

Library of Congress Control Number: 2010940559
ISBN: 978-1-61638-108-0
E-book ISBN: 97-1-61638-333-6

12 13 14 15 * 7 6 5 4 3
Impreso en los Estados Unidos de América

CONTENIDO

PRÓLOGO

*N*UESTRO PRIMER HIJO MURIÓ REPENTINAMENTE CUANDO tenía cuatro meses de edad. Teníamos la esperanza de que el dolor de ese evento desapareciera con el nacimiento de nuestro segundo bebé, diecisiete meses después, pero esta pequeña, una niña, nació a término, pero muerta.

Sentimos todo el peso de toda la carga que cae sobre aquellos que han perdido un hijo. La conmoción. Las lágrimas. El dolor. El entumecimiento. Las preguntas. La agitación. El temor. Cada uno parecía tomar su turno en olas interminables.

Nuestros familiares y amigos fueron maravillosos, reuniéndose a nuestro alrededor. Uno de estos amigos era una señora un poco mayor que nosotros. Su nombre era Elva. Elva se acercó a nosotros un día, y nos dio un paquete envuelto en papel marrón. En él se encontraba una vieja copia del libro *Scenes From Beyond the Grave (Escenas más allá de la tumba)* de John Loughran Scott, que narra la visión de Marietta Davis. Ella pensó que este libro podía ayudarnos. Así fue.

Nos sentíamos como si fuéramos transportados desde nuestra cansada tierra a un lugar allá arriba: un lugar de liberación y comprensión, donde pudimos ver como Dios ve. Desde ese lugar, podíamos retomar nuestras vidas con una nueva convicción de que Dios estaba en control, que todo estaba bien con nuestros dos hijos, y que podíamos confiarle a Dios nuestro mañana.

Me pregunté por qué el mundo no conocía este libro, pero aún cuando me lo preguntaba, yo sabía la razón. El idioma difícil, inusual incluso para esa época, lo hacía casi ilegible. Se podía seguir la historia si te esforzabas, pero muchas partes eran incomprensibles sin un diccionario en la mano. Me pregunté por qué alguien no lo había reescrito de un modo que pudiera ser entendido.

Durante años, llevaba conmigo el libro, para leerlo durante las vacaciones. Cada vez que lo hacía, pensaba que algún día, cuando el ritmo de trabajo se tranquilizara, yo podría ser quien lo reescribiera. Mi trabajo nunca redujo su ritmo, así que comencé de todos modos, con la esperanza de terminarlo en un año. Me tomó tres años, trabajando primero con un diccionario, y luego revisando con una pluma roja. Mi esposa Nolene, viendo mis frustraciones, se unió a mí. Siendo una amante de los crucigramas y juegos de palabras, y una lectora voraz, su ayuda fue muy valiosa.

En mi opinión, todo el mundo debería leer esta historia. Para algunas personas es extraña y difícil de creer. Miles han sido inspirados y desafiados. Todo el mundo debería leerlo con una mente abierta. Según la editorial original escribió en el lenguaje conservador de hace 150 años: "Leerlo es beneficiarse".

—DENNIS PRINCE

INTRODUCCIÓN

*M*ARIETTA DAVIS NACIÓ EN EL 1823, EN BERLÍN, NUEVA York, donde vivía con su madre y dos hermanas. A los veinticinco años de edad, experimentó una visión que le hizo ser el punto de conversación de su comunidad y una leyenda para las generaciones venideras.

Su historia se puso en impresión y el editor original observó con cautela: "Edición tras edición ha sido publicada y compartida silenciosamente en las manos del público lector". Y así la extraordinaria historia se dio a conocer ampliamente.

Cien años más tarde, el libro todavía estaba en impresión, pero su difícil lenguaje dio lugar a un descenso en su popularidad. Era prolijo, complejo y florido, mucho más que el lenguaje de la época. Los lectores modernos se resistieron a palabras como "constreñido", "preponderante", "refulgencia", "vestiduras", "desmembrar", "incumbir" y "dispensar", y frases como "un velo de cebellina de la noche inferior" e "indulgencia de tendencias y la reversión del movimiento de tendencias destructivas." Sólo los más tenaces lectores llegaban al final, y la mayoría de ellos perdieron muchas gemas que estaban escondidas en las palabras y frases difíciles.

Este libro es un intento de capturar la historia original en el idioma de hoy. Al reescribirla, se hizo todo el esfuerzo por preservar la intención original de la historia. El lector encontrará algunas secciones un poco más formales, la resaca de la lengua original que era difícil de

1

borrar por completo sin comprometer la integridad del original. A pesar de ello, la historia conserva su interés y fascinación.

Los siguientes antecedentes han sido resumidos de los testimonios de apoyo de la editorial original, procedentes de la familia, el médico de cabecera, el pastor de Marietta y otros ministros de esa época. Estos testimonios aparecen al final del libro, reproducidos muy fieles a su forma original.

Antecedentes de la historia

Un avivamiento religioso en su ciudad natal había impactado las vidas de la madre de Marietta y sus hermanas, pero no había dejado efecto en Marietta. A pesar de que había pensado en estos asuntos, ella no era una persona religiosa y no estaba interesada en discutirlos.

Siete meses después del avivamiento, Marietta de repente e inesperadamente cayó en un trance, el cual, sorprendentemente, duró nueve días. Durante este tiempo, su familia y sus médicos no pudieron despertarla. Cuando finalmente recuperó la conciencia, tenía el control completo de sus facultades, y describió con una percepción casi sobrenatural cómo los ángeles llevaron su espíritu al cielo y al infierno. Ella describió escenas extraordinarias de estos lugares, con detalles gráficos.

Marietta dejó claro que su visión le fue dada por una razón específica. Ella había sido instruida para contarle al mundo, de manera que los hombres y mujeres pudieran prepararse para la próxima vida.

Marietta murió siete meses después de la visión, en el momento y en la forma que ella predijo.

Visiones y trances en la Biblia

Estaba yo orando… *y vi en éxtasis una visión.*
—EL APÓSTOL PEDRO, ÉNFASIS DEL AUTOR
HECHOS 11:5

Cuando yo... estaba orando, *"me sobrevino un éxtasis y le vi que me decía"*.

—EL APÓSTOL PABLO, ÉNFASIS DEL AUTOR
HECHOS 22:17-18

Después de esto miré y he aquí una puerta abierta en el cielo; y la primera voz que oí, como de trompeta, hablando conmigo, dijo: Sube acá y yo te mostraré las cosas que sucederán después de estas.

—APÓSTOL JUAN
APOCALIPSIS 4:1

Conozco a un hombre en Cristo, que hace catorce años (si en el cuerpo, no lo sé; si fuera del cuerpo, no lo sé; Dios lo sabe) fue arrebatado hasta el tercer cielo. Y conozco a tal hombre (si en el cuerpo, o fuera del cuerpo, no lo sé; Dios lo sabe), que fue arrebatado al paraíso, donde oyó palabras inefables que no le es dado al hombre expresar.

—APÓSTOL PABLO,
HABLANDO DE SÍ MISMO, 2 CORINTIOS 12:2-4

Y en los postreros días, dice Dios, derramaré de mi Espíritu sobre toda carne y vuestros hijos y vuestras hijas profetizarán; vuestros jóvenes verán visiones y vuestros ancianos soñarán sueños.

—HECHOS 2:17

Uno

El ángel de la paz

"¿QUÉ ME ESTÁ PASANDO?"
El pensamiento estalló en mi mente, mientras me tambaleaba ante la vista de la vasta e insondable profundidad debajo de mí.

"¿Estoy soñando? ¿Estoy muerta? ¿Estoy viva?" Mil preguntas corrieron en mi mente como extraños objetos no identificados flotando alrededor de mí. Parpadeé, tratando de aclarar mi visión, pero era como un sueño extraño, sin algún punto de referencia familiar al que pudiera asegurar mi cordura.

"¡Ayúdenme! ¡Ayúdenme!" Mi grito estalló desde lo más profundo de mi ser, mientras miraba con desesperación hacia el espacio infinito y sin camino a mi alrededor. Luché en vano para volver a la seguridad de mi país, mi hogar y mi familia.

Una luz brillante apareció muy por encima de mí. Al igual que una estrella gigante, su destello de luz disipaba la oscuridad, a medida que descendía. Todo mi ser estaba sumergido en un resplandor glorioso.

Me acerqué con cautela, mientras se convertía en el ser más magnífico que jamás había visto. En su cabeza había una corona de joyas de luz agrupadas. En su mano izquierda sostenía una simple cruz. En su mano derecha empuñaba un sable de luz y, mientras avanzaba hacia mí, luz fluía de ella y me tocó.

Al instante, todo un nuevo mundo de sensaciones llenó mi ser. Los temores e incertidumbres desaparecieron y me llenó un deseo irresistible de ir con ella. Sin embargo, paralizada por el asombro y la maravilla, sólo podía ponerme en pie y mirar. Curiosamente, todo lo que mi mente podía pensar era: "¿Cuál es su nombre?". Como me quedé boquiabierta, ella habló.

"¡Entonces, Marietta! ¿Te gustaría saber quién soy yo?" Ella sonrió. "Yo soy el ángel de la paz.[1] He sido enviada para mostrarte lo que sucede a los seres humanos cuando dejan este mundo. Si deseas conocer la respuesta a esta pregunta, sígueme."

Mi mente estaba corriendo. ¿Cómo me metí en esto? ¿Qué yo había hecho para traerme a este lugar extraño?

Durante mucho tiempo antes de que esto sucediera, había luchado con las grandes interrogantes de la vida. Un par de cosas se habían vuelto más claras a medida que le daba vueltas en mi cabeza una y otra vez, y llegué a una serie de conclusiones simples. Éstas fueron: perseguir el dinero y las buenas cosas nunca puede hacerte feliz; las relaciones te pueden fallar (nadie es perfecto); y muchas tradiciones religiosas no son confiables.[2]

Mientras miraba a mi alrededor, pude ver claramente que muchas personas no estaban contentas y ansiaban la paz. Yo había pensado mucho y cuestionado duramente, tratando de aprender sobre el alma humana y por qué se comporta como lo hace. Cuanto más pensaba en estas cosas, más me daba cuenta de que no podía encontrar las respuestas por mí misma. Yo quería respuestas apasionadamente, en especial a la pregunta más importante de todas: "¿Qué nos pasa cuando morimos?". No pude llegar a una conclusión satisfactoria. En medio de esta confusión, me encontré aquí, en el más extraño de los días extraños.

Mientras trabajaba para determinar la naturaleza y la tendencia del alma humana... mi visión se cerró al mundo exterior.

Todo había comenzado lentamente y poco a poco. Me había convertido progresivamente en alguien menos y menos consciente de las cosas físicas que me rodeaban. Mi ser interior parecía ser más fuerte y, de alguna manera, más consciente. Los objetos en la habitación, las paredes, techo y muebles, se convirtieron en sombras y, finalmente, desaparecieron por completo. Entonces me encontré en este nuevo mundo increíble con las experiencias extraordinarias que me trajo.[3]

Desde mi regreso, he tenido mucha gente preguntándome lo que pasó. He tratado de contarles porque es para eso que me mostraron todas estas cosas, pero lucho con esa petición. Simplemente, no hay manera en el mundo de describir completamente las cosas que vi más allá de la tierra. Nuestras palabras, incluso, podrían estropear la belleza y la perfección de las cosas celestiales que están allá fuera.[4]

LA EXPRESIÓN HUMANA MINIMIZA LA BELLEZA Y PERFECCIÓN DE LA VOZ CELESTIAL...

Pero tengo que completar la tarea que me han dado, así que voy a tratar de describir lo que vi. Lo único que pido es que ustedes, que leen esto, miren más allá de mis deplorablemente inadecuadas palabras, y traten de ver algo del verdadero poder, la belleza gráfica y la gloria divina de las cosas que vi.

"Sígueme", dijo el ángel, pero antes de hacerlo, mira hacia atrás y obsérvate a ti misma."

Yo miré muy por debajo a través del espacio nublado y oscuro, y finalmente pude ver mi cuerpo inmóvil. En torno a mí, estaban mis amigos preocupados que me llamaban y me sacudían frenéticamente, tratando por todos los medios posibles de despertarme, pero sin éxito.

"Este es el punto de vista humano de la vida", dijo mi guía angelical. "Mira a tu familia. Te aman y lloran por ti. Todo ser humano pasa por problemas y angustias y, finalmente, la muerte. Pero les está oculta la verdadera imagen de lo que sucede después de todo eso.[5]

"Hay millones y millones en todo el mundo. Están llenos de esperanza, ambición y problemas. Entonces, finalmente, la muerte llega. Todos ellos tienen miedo de la muerte. Es un destructor implacable y acorta la vida. Generaciones van y vienen, una tras otra en rápida sucesión."

Tímidamente hice una pregunta. "Sé que soy joven y no sé mucho, pero he estado pensando mucho en estas cosas. Un día, todas estas personas morirán. ¿Qué pasa con ellos? ¿Tienen un lugar a dónde ir? ¿Puedes llevarme con ellos? ¿Puedo ir y estar con mis seres queridos que ya han muerto?"

Esperé por su respuesta. Me di cuenta de lo mucho que increíblemente quería saber. Por mucho tiempo, esta pregunta me había perseguido, día y noche. Sin poder compartirla, la había enterrado en lo más profundo dentro de mí, donde daba vueltas y vueltas. La respuesta siempre era difícil de alcanzar. Ahora, de manera notablemente inesperada, este ángel de la paz se posaba delante de mí, enviado desde el otro mundo. Yo estaba al borde de un descubrimiento monumental, uno que por fin podría resolver estos asuntos que me habían afectado.

Apoyo de la Palabra de Dios

1. Los ángeles son "espíritus ministradores enviados para servicio a favor de los que serán herederos de la salvación" (Hebreos 1:14). Hay frecuentes referencias de los ángeles en la Biblia. (Véase Salmo 91:11; Hechos 12:7; Hebreos 13:2).

2. "...*Muchas tradiciones religiosas no son fiables*". Marietta habla aquí de formas inútiles de la religión. El apóstol Pablo advirtió de estos en (2 Timoteo 3:1-5): "...que tendrán apariencia de piedad, pero negarán la eficacia de ella; a éstos evita" (v. 5). Las iglesias deben demostrar el poder transformador de la vida de Jesucristo y las obras del Espíritu Santo; no sólo buenas obras hechas en el nombre de Dios.

3. Las visiones son una parte de la experiencia cristiana, no siempre abundantes, pero tampoco es raro. Pablo describió una

experiencia similar a la de Marietta en 2 Corintios 12:2-4 (véase también Hechos 2:17):

> Conozco a un hombre en Cristo, que hace catorce años (si en el cuerpo, no lo sé; si fuera del cuerpo, no lo sé; Dios lo sabe) fue arrebatado hasta el tercer cielo. Y conozco al tal hombre (si en el cuerpo, o fuera del cuerpo, no lo sé; Dios lo sabe), que fue arrebatado al paraíso, donde oyó palabras inefables que no le es dado al hombre expresar.

4. "...*Nuestras palabras, incluso podrían estropear la belleza y la perfección...*" La historia de Marietta no es única; una serie de libros registran visiones similares del cielo. Muchos de los autores hacen este mismo comentario: las palabras humanas no pueden hacer justicia al esplendor del cielo.

5. "...*Pero la verdadera imagen de lo que sucede después de todo eso les está oculta.*" El encubrimiento de Dios de las cosas eternas está relacionado con su plan para que seamos libres, creados a su imagen, al igual que Él. Tenemos una genuina libre opción de elegir a Dios o rechazarlo, escoger el bien o elegir el mal. Somos libres de la presión de la promesa abierta de recompensa o la amenaza del castigo.

Dos

La puerta de la muerte

L ÁNGEL HABLÓ. "MARIETTA, SE TE HA DADO UN FAVOR especial para aprender acerca de estas cosas. En primer lugar, déjame decirte esto. Cuando las personas mueren, son llevadas al lugar donde pasarán el resto de la eternidad. Sin embargo, el destino de algunas es enormemente diferente al destino de las demás."[1]

Como si fuese a explicar, levantó la cabeza y dijo: "Mira hacia arriba. ¿Qué puedes ver?".

Yo miré por encima de mí y vi un lugar celestial grande y brillante, mucho más brillante que el sol en todo su esplendor. Una deslumbrante luz irradiaba de él, sobresaliendo a través de la bóveda celeste. Yo estaba fascinada y lo miré con asombro.

"Hay mucha gente ahí arriba que te gustaría ver", dijo mi guía. "Ellos visten suaves ropas blancas y viven en una felicidad completa. No hay noche, ni tristeza o muerte, no hay pecado o dolor, no hay sufrimiento de tipo alguno."[2] Ella guardó silencio por un momento. "Sin embargo, antes de ver esto, debo mostrarte algunas cosas que no son tan agradables.

"Marietta, sabes muy bien que la gente en la tierra tiene valores morales muy diferentes. Puede ser que no estés consciente de que cuando mueren y su espíritu sigue vivo, su naturaleza moral no cambia. Los malos siguen siendo malos, pero los buenos siguen siendo buenos."

Ella tocó mi frente, diciendo: "Dime lo que puedes ver ahora".

Un nuevo escenario se abrió ante mí, vivo y gráfico. Vi multitudes sin fin de todo tipo de personas que luchaban en medio de la muerte. Algunas estaban en palacios majestuosos, tiradas en camas vestidas con finas cubiertas muy costosas. Algunas estaban en humildes casas pobres, mientras que otras yacían en prisiones oscuras. Algunas estaban en bosques solitarios, otras en desiertos áridos o mares embravecidos. Algunas yacían bajo el sol abrasador, mientras que otras se perdían en las tinieblas de montañas cubiertas de nieve. Algunas estaban rodeadas por amigos llorando; otras estaban muriendo solas y olvidadas. Algunas habían sido asesinadas; otras murieron en el campo de batalla.

Éste fue el lugar donde el tiempo se reunió con la eternidad; era un lugar de indescriptible miseria.

"Ésta es la muerte", dijo mi guía. "Es el resultado de una ley divina que se ha roto, pero lo que tú ves aquí es sólo una pequeña fracción de ella."

Mi guía me tocó con su sable de luz y cuando lo hizo, me di cuenta que podía ver la naturaleza inmortal de todas las personas que mueren. Tuve la oportunidad de ver sus espíritus. Quedé fascinada mientras las veía dejar sus cuerpos y entrar en las regiones de la eternidad, moviéndose, tentativamente, hacia nuevas experiencias.

...YO VEÍA LA INMORTALIDAD DE LOS QUE ABANDONABAN SU CASA DE BARRO...

Entonces me di cuenta que espíritus de diferentes tipos estaban reunidos alrededor de cada forma moribunda. Estaban allí para reunirse con los espíritus terrestres que entrarían a las nuevas regiones. Personas de todas las clases y tipos fueron recibidas, algunos por espíritus malos y miserables; otros, por ángeles brillantes y santos enviados por Dios. Este portal de la muerte era el estado de transición común entre la tierra y la eternidad.

A medida que la gente dejaba sus cuerpos, sus espíritus eran atraídos a espíritus de carácter moral similar. Gente mala e impía se unía a los espíritus afines, y luego se alejaban hacia las regiones que estaban cubiertas por nubes oscuras. Las personas que amaron el bien y formaron relaciones con personas buenas eran escoltadas por ángeles santos hacia la gloria celestial de arriba.

Observé fascinada mientras todos estos espíritus se mezclaban, sometidos por primera vez a estas extrañas experiencias. Me pregunté si todo era sólo un sueño.

Leyendo mis pensamientos, mi guía tomó mi mano. "Estas personas acaban de dejar sus cuerpos y ahora iniciarán una nueva existencia. El cambio de lo físico a la existencia espiritual es muy extraño para ellos. Tú, Marietta, aprenderás más acerca de todo esto, más tarde. Tenemos que dejar esto ahora e ir al brillante lugar celestial que viste antes." Luego de decir eso, me tomó del brazo y aceleró hacia la nube de luz.

Después de haber pasado por esta zona intermedia, se detuvo de nuevo y tocó mis ojos. Miré con asombro cómo escenas nuevas y diferentes se abrieron delante de mí.

"¡Mira!", dijo ella. "Mira todos los planetas, los cielos laminados, los soles y los sistemas de soles. Ve cómo se mueven en completo silencio y perfecta armonía. Esta es una enorme extensión de los universos construidos en la sabiduría infinita. Gente santa y feliz vive aquí, en diferentes etapas de desarrollo y diferentes grados de espiritualidad. Esta gente ya no muere más."

Una vez más, ella tocó mis ojos, e inmediatamente sobre mí, a mi alrededor y lejos, vi a los espíritus de la luz pura rodeándonos, viajando a la velocidad del pensamiento. "Estos son ángeles servidores", mi guía me dijo mientras pasaban. "Más que cualquier otra cosa, ellos aman ir en viajes de misericordia. Son protectores y mensajeros de las personas que están por debajo de ellos."

"ESTOS SON ÁNGELES SERVIDORES; MÁS
QUE CUALQUIER OTRA COSA, ELLOS
AMAN IR EN VIAJES DE MISERICORDIA."

Mientras los miraba ir y venir, un ángel pasó cerca, sosteniendo en sus brazos el espíritu de un bebé. El bebé descansaba en calma, obviamente, muy consciente de su seguridad en los brazos de su protector. Llamamos la atención del ángel y le pregunté de dónde había venido el bebé.

"Lo recibí de su madre", respondió el ángel. "Ella estaba devastada. Lo estoy llevando para el cielo de los infantes en el Paraíso de la Paz."

Cuando el ángel pasó, nos trasladamos silenciosamente en la misma dirección. Perdí de vista las escenas de abajo y mi atención fue atrapada por la luz brillante a la cual nos acercábamos.

Nos detuvimos en una llanura llena de árboles cargados con frutas. Pasamos por debajo de sus ramas y escuché los pájaros cantando.[3] Sus hermosas melodías me llenaron de alegría. Eran las más dulces canciones que jamás había escuchado. Pensé que habíamos estado en algún planeta, así que le pregunté al ángel su nombre.

"Ésta es la región externa del paraíso espiritual", me dijo. "Estos árboles, flores y pájaros son tan puros y refinados que los humanos no pueden verlos. Sus ojos están velados para todo esto. Su audición también ha sido entorpecida, así que no pueden oír los sonidos. De hecho, ni siquiera creen que existan cosas tan puras y perfectas. Tú puedes verlos y escucharlos porque has dejado tu cuerpo, y ahora puedes experimentarlos a través de tus sentidos espirituales.

"Recuerda", dijo, "que esta región es sólo el límite exterior de la casa de los espíritus. Éstos son los niveles más bajos de las casas de aquellos que se han hecho santos.[4] Cuando personas redimidas mueren, éste es el primer lugar al que son traídos. Sus protectores les enseñan aquí los conceptos básicos de la vida eterna. Ellos aprenden acerca del cielo y del amor puro, que es amor no contaminado por el pecado. Se reúnen aquí con viejos amigos; aquellos que los han precedido y han avanzado espiritualmente para asumir mayores tareas. Los miembros de la familia pueden reunirse aquí y hablar con ellos por primera vez.

"Este es el lugar donde primero aprenden a cantar la canción de la gracia redentora. También pueden descansar aquí y disfrutar de un ambiente puro."

...MI ESPÍRITU ARDE POR ENCONTRAR
LOS AMIGOS QUE HACE MUCHO
TIEMPO PERDÍ EN LA TIERRA.

Todo era tan extraño, mas fui absorbida por completo. Me encontré a mí misma anhelando reunirme con amigos que había perdido hacía mucho tiempo, pero el ángel dijo: "No te es permitido permanecer aquí. Tienes que aprender lo que le sucede a las personas después de su muerte. Cuando tu vida en la tierra por fin termine, regresarás y estarás con tu familia. Entonces, comenzarás tu estado inmortal y serás instruida en cómo prepararte para cosas más elevadas."

Con eso, ella recogió una rosa, me la acercó para oler la fragancia y tocó mis labios con ella. Mis ojos se abrieron aún más y vi a mucha gente feliz moverse por todas partes, a través de los paisajes floridos. Yo quería desesperadamente unirme a ellos, pero mi guía se movió hacia adelante y arriba, a través de los bosques que se tornaban más puros y hermosos a cada momento.

Mientras nos levantábamos, miles de preguntas inundaron mi mente. Me sentí sobrecogida por la belleza del lugar que dejábamos, aunque el ángel se había referido a ella como sólo el límite exterior: la región de hogares menores. ¿Cómo podría haber algo más hermoso? Entonces, mi mente volvió a lo que había visto antes. ¿Qué de las nubes oscuras donde los otros espíritus fueron llevados? ¿Qué había detrás de ellas? Fue abrumador e inesperado y, sin embargo, real. Me inundó una mezcla de temor, fascinación y anticipación.

Apoyo de la Palabra de Dios

1. La vida en la Tierra es un tiempo de prueba para determinar lo que está en nuestro corazón, bueno o malo, y elegir a Dios o rechazarlo. Al final de la vida terrestre, recibimos las consecuencias de nuestra elección. (Vea Juan 5:28-29; Hebreos 10:27.)

2. Apocalipsis 21:4 dice: "Enjugará Dios toda lágrima de los ojos de ellos; y ya no habrá muerte, ni habrá más llanto, ni clamor, ni dolor; porque las primeras cosas pasaron." La creación original y el Jardín del Edén eran perfectos; todo era "bueno". La tristeza, la muerte, el sufrimiento y el dolor eran consecuencias del pecado del

hombre. En el cielo, la perfección se restablece una vez más y todo sufrimiento termina para el creyente.

3. "*...Pájaros cantando*". Había animales y aves en el Jardín del Edén:

> Jehová Dios formó, pues, de la tierra toda bestia del campo y toda ave de los cielos y las trajo a Adán para que viese cómo las había de llamar; y todo lo que Adán llamó a los animales vivientes, ese es su nombre. Y puso Adán nombre a toda bestia y ave de los cielos y a todo ganado del campo; mas para Adán no se halló ayuda idónea para Él.
>
> —Génesis 2:19-20

Tenemos animales y aves en la tierra, por lo que podemos esperarlos en el cielo. El libro del Apocalipsis describe los caballos en el cielo: "Entonces vi el cielo abierto; y he aquí un caballo blanco y el que lo montaba se llamaba Fiel y Verdadero y con justicia juzga y pelea" (Apocalipsis 19:11).

La expresión "seres vivientes" en Apocalipsis 4:8-9 es de la palabra griega *zoon*, por lo general traducida como "animales". Tenga en cuenta que el pacto que Dios hizo con Noé específicamente incluía animales, repetido en varias ocasiones. (Ver Génesis 9:9-17). Los animales son importantes en el plan de Dios.

4. "*...Aquellos que han sido santificados*." Hay dos aspectos de la santidad: en primer lugar, la santidad adquirida a través de nuestras propias acciones santas (ver Hebreos 12:14). Segundo, la santidad que Dios da a todos los creyentes como un *regalo gratuito*: la santidad de Cristo. El ángel se refiere aquí a la segunda:

> En esa voluntad somos santificados mediante la ofrenda del cuerpo de Jesucristo hecha una vez para siempre.
>
> —Hebreos 10:10

Mas por Él estáis vosotros en Cristo Jesús, el cual nos ha sido hecho por Dios sabiduría, justificación, santificación y redención.

—1 CORINTIOS 1:30

TRES

Bienvenida al cielo

𝓝OS TRASLADAMOS HASTA QUE, A LO LEJOS, VI UN PABELLÓN abovedado de luz. "Esa es la puerta a la Ciudad de la Paz", mi guía me dijo.

"Vamos allí ahora y..." Hizo una pausa. "Conocerás a tu Redentor."

Ella continuó. "Es un lugar hermoso. Los ángeles viven allí y también el pueblo que Dios ha hecho santo. Les encanta tocar arpas de oro, liras y otros instrumentos de cuerda. Ellos cantan la canción de la redención una y otra vez. Es una canción de paz y amor sin fin."

A medida que nos acercábamos, un grupo de ángeles, aún más glorioso que el que yo había visto, se reunió alrededor de la puerta de entrada a la ciudad. Nos acercamos a ellos y su líder habló con mi guía en un idioma que yo no podía entender.[1]

La puerta estaba hecha de jaspe y diamantes. Se abrió y dos seres angelicales se acercaron a mí. Yo estaba temblando de miedo, pero cada uno de ellos me tomó de la mano y me condujo hacia la otra puerta, que llevaba directamente al pabellón de la luz. Yo no podía hablar. La vista de esta perfecta belleza y santidad era indescriptible.

Mientras trataba de captar todo, de repente me venció mi estado de pecado y mi naturaleza rebelde. Mi mente se inundó con recuerdos de los pecados pasados y las dudas. Me caí al suelo, incapaz de hacer frente a la gloria pura de todo a mi alrededor. Entonces, los asistentes angelicales suavemente me recogieron y me llevaron por la puerta elaborada. Ellos me pusieron a los pies del ser más glorioso que jamás podría imaginar. Una corona de pura luz descansaba sobre su cabeza, y su cabello, blanco como la nieve, caía sobre sus hombros. No hay palabras que puedan empezar a describir su esplendor.[2]

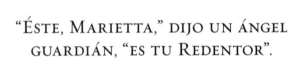

"Éste, Marietta," dijo un ángel guardián, "es tu Redentor".

Un ángel asistente me habló en voz baja. Marietta, éste es tu Redentor. Él es Dios. Sin embargo, puso a un lado su divinidad y vino a la tierra como un hombre y sufrió por tus pecados. Él murió por ti fuera de la puerta de Jerusalén.[3] Murió solo, tal y como fue escrito siglos antes: "[Pisaba] solo el lagar".[4]

Yo fui totalmente intimidada por Él. Su bondad, ternura y amor me abrumaron. Me incliné hacia abajo, sintiendo que si sólo pudiera ser considerada digna, le adoraría.

Él alargó su mano y me levantó. "Bienvenida, hija mía." El sonido de su voz penetró muy dentro de mí y me llenó de una alegría que no puedo describir. "Vamos por un tiempo al hogar de los redimidos", dijo. Luego, volviéndose hacia aquellos a su alrededor, añadió: "Denle la bienvenida".

Inmediatamente, toda la asamblea se puso en pie y, con amorosa humildad, me abrazaron como una de ellos, una heredera de la gracia de Dios. Luego, retomando sus instrumentos musicales, cantaron una canción de bienvenida:

> Digno es el Cordero que nos ha redimido.
> Exalten su nombre, todos los que son santos.

¡Sí! Adóralo, tú querubín que le adoras en el cielo divino,
¡Adóralo porque Él nos ha exaltado!
Vamos a alabar su nombre
El nombre de nuestro Dios Altísimo.

La música sonaba como el torrente de muchas aguas, y llenó toda la cúpula. Al final, el eco se desvaneció lentamente en la distancia, como suaves olas que parecían llevarme con ellas.

El momento se rompió cuando un espíritu se salió de la reunión y llamó mi nombre: "¡Marietta!". Me sentí sobrecogida de encontrarme a mí misma en el abrazo de alguien a quien había amado tiernamente en la tierra. "Bienvenida", exclamó. "Bienvenida a nuestra casa de paz. ¡Bienvenida, tres veces bienvenida!" Se hizo eco de la música de un millar de voces. Otros se habían reunido a mi alrededor, gente que había conocido y amado en la tierra, todos dispuestos a saludarme y abrazarme.

Nos encontramos en una sala grande y bella, donde nos relajamos juntos como sólo viejos amigos y familiares pueden hacerlo. Yo reconocí a todos ellos al instante, pero eran muy diferentes de la forma en que los recordaba en la tierra. No puedo describirlos adecuadamente, excepto decir que parecían ser todo mente, todo luz, todo gloria, todo adoración, todo amor sumamente puro, todo paz y serena calma. Todas estas cualidades se entrelazaban de una manera celestial impresionante.

Hablaron libremente entre sí, pero no en el lenguaje humano. Hablaban sin sonido, pensamiento con pensamiento y espíritu con espíritu. Las ideas fluían de ser a ser, y aprendí allí que ¡en el cielo no se pueden ocultar las cosas![5] La armonía estaba en todo: en el sonido, el deseo, el habla, en las canciones de adoración. La armonía era su vida, su amor, su apariencia y su deleite supremo.

Luego entonaron otra canción, un vibrante himno de redención al nombre de su Creador. Mi guía trató de persuadirme para que participara, pero no pude. Yo estaba demasiado absorta como para pensar en otra cosa que no fuera esta casa de descanso, y experimentar su gloria. Cuando terminaron de cantar, me besaron, uno tras otro, deseosos de abrazarme. Me abrazaron como a un alma recién nacida, agradeciendo a su Redentor y Señor mientras lo hacían. ¡Fue maravilloso!

"¡De manera que esto es el cielo!", exclamé. "¿Y toda esta gente feliz, en realidad son los que yo conocía? Ellos lucharon tanto en sus antiguos cuerpos humanos. ¡Mira sus caras ahora! ¡La gloria de este lugar les ha hecho absolutamente radiantes! ¡Ellos solían verse tan preocupados! ¿Y qué pasó con los estragos de la vejez?"

Recuerdo ahora cuán frecuentemente solía escuchar a mi pastor en la tierra, cuando intentaba describir la gloria de la vida eterna. A veces lloraba cuando descubría que la mayoría de la gente que lo escuchaba, todavía no entendía. Yo solía preguntarle: "¿Puede realmente el cielo ser tan glorioso? ¿No has exagerado eso? Y si los hombres y las mujeres realmente pueden llegar al cielo, ¿realmente se bañan en el sol?". Ten la seguridad que incluso la imaginación más atrevida de la gente no se acerca a la realidad y a los placeres de ese lugar glorioso."[6]

Mientras meditaba, un hombre se acercó a mí. Yo lo recordaba de la tierra. Viejo y flaco, durante su vida había seguido fielmente al Redentor, a través de muchas pruebas. Su pelo gris contaba la historia de una vida de dolor y problemas. ¡Qué diferente era ahora! Su espíritu se puso en pie y con confianza delante de mí, como una imagen de la juventud inmortal. Habían desaparecido el bastón, la delgada silueta temblorosa, la mejilla afligida, el ojo apagado, el cuerpo enfermo. En su lugar había luz, salud y vigor.

HE AQUÍ EN MÍ LA EFICACIA DE
LA GRACIA REDENTORA.

"¡Mírame ahora!", exclamó. "¡Mira lo que la gracia redentora ha hecho! Mi corazón una vez fue una jaula de pensamientos impíos. Estas manos estaban ocupadas en hacer el mal. Estos pies una vez caminaron en un rápido descenso por un camino que terminó en dolor y muerte. Mi cuerpo, no, este cuerpo no, sino el viejo que dejé atrás, se vistió de dolor, se corrompió por el pecado y murió de una enfermedad."

¡Pero ahora! ¡Bendito sea ese nombre, Emmanuel! Soy redimido por medio de Él, visto estas maravillosas ropas de luz y vivo en una interminable juventud. Esta es mi canción ahora:

"Oh muerte, ¿dónde está tu aguijón? y sepulcro,
¿Dónde está tu victoria?[7]
¡Digno es el Cordero que se ofreció para redimirnos! ¡Él es
digno!
Oh, denle adoración, ustedes innumerables anfitriones,
¡Tú, multitud innumerable!
¡Adórenle, todas las personas! ¡Que todo el universo le adore!
¡Adórenle porque Él es digno de recibir canciones de alabanza
universal!"

Un grupo de niños corrió hacia adelante. Ellos unieron sus manos y danzaron alrededor cantando:

¡Alabadle! ¡Sí! ¡Mira!
Cuando estuvo en la tierra dijo:
"Dejad que los niños vengan a mí,
Y no se lo impidáis. ¡Sí!
No los detengan,
Déjenlos que vengan a mí."[8]

Apoyo de la
Palabra de Dios

1. Los ángeles al parecer, tienen idiomas que no conocemos: "Si yo hablase lenguas humanas y angélicas y no tengo amor, vengo a ser como metal que resuena, o címbalo que retiñe" (1 Corintios 13:1.).

2. Apocalipsis 1:12-18 proporciona una descripción de Jesús en su gloria:

> Y me volví para ver la voz que hablaba conmigo; y vuelto, vi siete candeleros de oro y en medio de los siete candeleros, a uno semejante al Hijo del Hombre, vestido de una ropa que llegaba hasta los pies y ceñido por el pecho con un cinto de oro. Su cabeza y sus cabellos eran blancos como blanca lana, como nieve; sus ojos como llama de fuego; y sus pies semejantes al bronce bruñido, refulgente como en un horno; y su voz como estruendo de muchas aguas. Tenía en su diestra siete estrellas; de su boca salía una espada aguda de dos filos; y su rostro era como el sol cuando resplandece en su fuerza. Cuando le vi, caí como muerto a sus pies. Y Él puso su diestra sobre mí, diciéndome: No temas; yo soy el primero y el último; y el que vivo y estuve muerto; mas he aquí que vivo por los siglos de los siglos, amén. Y tengo las llaves de la muerte y del Hades.

3. "Porque los cuerpos de aquellos animales cuya sangre a causa del pecado es introducida en el santuario por el sumo sacerdote, son quemados fuera del campamento. Por lo cual también Jesús, para santificar al pueblo mediante su propia sangre, padeció fuera de la puerta" (Hebreos 13:11-12).

4. *Pisar el lagar* es una imagen del juicio de Dios.

> He pisado el lagar yo solo;
> ninguno de los pueblos estuvo conmigo.

Los he pisoteado en mi enojo;
los he aplastado en mi ira.
Su sangre salpicó mis vestidos
y me manché toda la ropa.

—Isaías 63:3, nvi

5. *"...no se pueden ocultar las cosas."* Sin pecado en el cielo, no hay temor de que otros puedan conocer nuestros pensamientos.

6. Pablo escribió en 1 Corintios 2:9-10:

"Antes bien, como está escrito:

Cosas que ojo no vio, ni oído oyó,
Ni han subido en corazón de hombre,
Son las que Dios ha preparado para los que le aman.

Pero Dios nos las reveló a nosotros por el espíritu; porque el Espíritu todo lo escudriña, aun lo profundo de Dios".

7. "¿Dónde está, oh muerte, tu aguijón? ¿Dónde, oh sepulcro, tu victoria?" (1 Corintios 15:55).

8. "Pero Jesús dijo: 'Dejad a los niños venir a mí y no se lo impidáis; porque de los tales es el reino de los cielos'" (Mateo 19:14).

CUATRO

Primeras lecciones y advertencias

*L*A CANCIÓN TERMINÓ Y MIRÉ HACIA ARRIBA PARA VER ABRIRSE la cúpula por encima de mí, y más seres se acercaron. Ellos eran aún más gloriosos que aquellos que había visto antes, y la luz de su gloria me abrumó. Me alejé de ellos y me apresuré a mi guía, quien me dijo: "Marietta, esto es sólo un anticipo de las cosas felices que vendrán. Tú has sido bienvenida aquí y has visto tu Redentor, pero mira sobre ti", instó. "La gloria de la cruz viene bajando. Las personas con ella son espíritus redimidos de tu raza que han pasado a una vida superior."

Miré hacia arriba y vi sobre mí una cruz, cargada por un grupo de doce personas. Alrededor de ellas estaban escritas las palabras "patriarcas, profetas y apóstoles", y por encima de ellas, "Jesús de Nazaret, rey de los judíos". Un espíritu vestido de blanco estaba postrado a los pies de la cruz. Su rostro brillaba con una expresión íntegra de adoración santa.

Ella besó la cruz y luego descendió a mí. "Bienvenida, tú quien vienes desde el triste mundo de abajo. Por favor, escucha, porque Jesús, mi Señor y Redentor, quiere que yo hable contigo. Él te ha permitido venir aquí por este corto tiempo. Tendrás que regresar a tus amigos en la tierra cuando tu misión se haya completado, pero no estés triste", dijo, mirándome con comprensión.

La idea repentina de regresar a los pecados y los problemas de mi vida anterior me afectó tanto que sentí como si estuviera dejando ese lugar divino en ese momento y cayera nuevamente en la Tierra. Al ver mi angustia, mi ángel guía me abrazó y dijo: "Tienes que hacer esto, Marietta. A tu regreso, llevarás contigo el mensaje del amor santo de Dios. Luego, en un momento determinado y cuando estés libre de mortalidad, volverás de forma permanente a esta santa compañía".

El espíritu continuó: "Marietta, has sido traída aquí con un propósito especial. Estoy aquí para enseñarte muchas cosas acerca del cielo y la tierra. Sé que la idea de volver te entristece, pero regresarás cargada de experiencias y verdades para enseñar a otros.

PRIMERO APRENDE QUE TODO EL CIELO VENERA LA CRUZ.

"Lo primero que debes aprender es que todo el cielo venera la cruz. Decenas de miles de personas se inclinan ante ella. Los redimidos aman quedarse a su alrededor. La adoración en la tierra es muy aburrida, en comparación con la adoración aquí", añadió.

"Este cielo espiritual comienza justo por encima de las llanuras de la tierra, y los espíritus guardianes están en constante movimiento a su alrededor. En la Tierra, estos innumerables ángeles guardianes invisibles se mezclan con la gente, según se les permite. No hay un día, una hora o un momento en que cualquier mortal no sea visto por el espíritu designado a él." Hizo una pausa y continuó.

"El hombre no entiende el pecado. Tampoco entiende cuán grande es la gracia de Dios en proveer la redención. Hay muchas, muchas cosas previniendo que la luz del cielo alcance a la humanidad, pero el tiempo se acerca cuando la gente estará más consciente de la realidad de este lugar. Entonces mirarán con más cuidado la verdad espiritual. La redención final del hombre se acerca."

Ella continuó: "Mira muy de cerca porque estás a punto de tener implantada en tu mente una pequeña parte de la alegría que llena esta tierra". Explicó además: "¿Te diste cuenta de que cuando bajé, besé la cruz? Nos encanta hacer eso. Es una expresión de nuestro amor por el Redentor".

Hizo una pausa, y del silencio escuché a la distancia suaves y hermosos *aleluyas*. "¿Quiénes están cantando?", le pregunté.

"Ellos son los que han salido de la gran tribulación",[1] respondió. "Nunca dejan de cantar himnos para exaltar el nombre de su Salvador en la noche y el día. ¿Te gustaría vivir aquí para siempre? ¿Te gustaría unirte a estos cantantes?", preguntó.

SÉ AMONESTADA POR TU ANTIGUA INCREDULIDAD, TU FALTA DE FE Y CONSAGRACIÓN...

"Antes de hacerlo, debo advertirte acerca de la incredulidad y la falta de fe y dedicación que mostraste en la tierra, porque no hay otra forma, aparte de Cristo, el Redentor, para encontrar una herencia en este lugar."

Cuando ella me recordó mis antiguas dudas y mi falta de confianza en el Salvador, perdí el corazón. Yo sabía que era verdad y exclamé: "¿Hay alguna esperanza para mí, o mi oportunidad de recibir el cielo se ha ido? Yo estaría muy feliz si nunca regresara a la tierra. ¡Si sólo pudiera vivir aquí para siempre!".

NUEVE DÍAS EN EL CIELO

"Sé fiel entonces", dijo el espíritu, "a la luz que se te ha dado, y eventualmente disfrutarás el cielo". Luego llamó mi atención a otra cosa. "Marietta, esto te va a interesar. Aquí podemos ver a los profetas y los santos mártires. En la mano izquierda de cada uno hay un incensario de oro y en la mano derecha un pequeño libro."

Multitudes se reunieron alrededor de una alta pirámide hecha de perlas y piedras muy preciosas, combinadas con cruces de diamantes. En ellas estaban grabados los nombres de aquellos que hablaron la verdad del evangelio, y por esto sufrieron persecución e incluso la muerte. Tres espíritus se pararon en la pirámide. Por encima de ellos llevaban una cruz, de la cual flotaba una bandera que parecía desplegarse sin cesar.

"Estos espíritus son especialmente elegidos", mi guía me dijo. "Se trata de un patriarca, un profeta y un apóstol. Ellos son los santos encargados, quienes estarán con el Hijo del Hombre cuando regrese a la tierra. Ese día, los tres se reunirán junto a las personas seleccionadas de los cuatro vientos, desde las partes más distantes de la tierra hasta las partes más distantes de los cielos."

Miré los libros en poder de los espíritus, y mi guía me dijo que estos describían el orden de la creación, la redención del hombre y los principios que rigen a los obedientes.

Apoyo de la
Palabra de Dios

1. (Ver Apocalipsis 7:9-17). La Gran Tribulación es un tiempo de persecución antes del retorno de Cristo, o puede ser la terrible persecución que muchos cristianos han sufrido desde la época de Cristo hasta la actualidad, en muchos países. Para una documentación exhaustiva de dichas persecuciones y el martirio, consulte el *Libro de los mártires*, de John Foxe.

CINCO

El niño que se crió en el cielo

IENTRAS ESTA ESCENA PASABA POR MI VISTA, EL ESPÍRITU que había besado la cruz hizo un gesto con la mano y dos niños vinieron al frente. Cada uno de ellos tomó su mano y le sonrió tímidamente.

Ella se dirigió a mí y dijo: "Estos niños murieron cuando eran bebés. Siendo inocentes, fueron llevados al paraíso".[1]

El mayor me miró. "Marietta, estamos muy contentos de ser capaces de hablar contigo porque eventualmente regresarás a aquellos que nos amaron y lloraron cuando morimos. Cuando los veas nuevamente, ¿podrías darle un mensaje al hombre que está sentado al lado de tu cuerpo en la tierra? Dile que a pesar de que nuestros padres sufrieron por nosotros, somos libres y extremadamente felices. Diles que éste es el único mundo que conocemos. Aquí fue donde primero despertamos a la realidad de nuestra existencia. Nuestros ángeles guardianes nos llevan a visitar la tierra, pero no es en lo absoluto como el cielo. Allí vemos sufrimiento, dolor y muerte. Aquí en el cielo hay armonía, felicidad y vida."

El niño guardó silencio y miró hacia abajo como si estuviera pensando profundamente. Pensé que estaba triste, pero luego me di cuenta que estaba viendo un ángel que subía más allá de donde estábamos. Mientras miraba, estaba abrumada por lo que vi. La luz lo

31

cubría como una hermosa y bien hecha vestimenta, y se movía con perfecta gracia. Tenía ganas de seguirlo. "¿Quién es él?", dije. "Es tan glorioso, que puedo sentirlo. Me gustaría mucho conocerlo."

El espíritu respondió: "Este es un ángel que pertenece al paraíso de los bebés. ¿Recuerdas leer en los evangelios lo que el Redentor dijo con respecto a los niños pequeños? Dice: 'Sus ángeles en los cielos ven siempre el rostro de mi Padre que está en el cielo'.[2]

"Este ángel es un guardián protector de los bebés, y es el encargado de recibir los espíritus bebés al salir de la tierra y entrar en el mundo espiritual. Mira, está desacelerando por ti y extendiendo sus brazos. ¿Qué puedes ver, Marietta?"

"Una pequeña luz pálida", respondí.

El ángel entonces sopló sobre él como si le impartiera vida. Lo abrazó con un cariño más allá del mostrado por las madres de la tierra, y yo podía sentir que el pequeño espíritu estaba en reposo. Sentí la gloria que rodeaba y penetraba al ángel, y yo anhelaba volar con ese bebé y vivir felices para siempre. Pero el ángel se levantó más allá de mí, y con un destello de luz, desapareció.

Entonces vi una escena completamente diferente. Debajo de mí, en una pequeña habitación, vi a una mujer arrodillada junto al cuerpo de su hijo muerto. Su cuerpo se estremecía mientras lloraba. Lágrimas corrían de sus ojos. Entonces, ella dejó de llorar y su rostro se convirtió como en mármol, sus ojos fijos y vidriosos. Todo su cuerpo temblaba mientras presionaba, beso tras beso, en la fría mejilla de su hijo perdido.

...TODO SU CUERPO TEMBLABA MIENTRAS PRESIONABA, BESO TRAS BESO, EN LA FRÍA MEJILLA DE SU HIJO PERDIDO.

Un hombre vestido de negro entró solemnemente y, en silencio, se acercó a la madre llorando. Tomó su mano y le dijo: "Ven, querida. Trata de entender que 'el Señor dio y el Señor quitó; sea el nombre del Señor alabado'.[3] Recuerda que Jesús dijo: 'Dejad que los niños vengan a mí y no se lo impidáis, porque el reino de los cielos pertenece a quienes son como ellos.'[4] Jesús también nos dijo que 'sus ángeles en los cielos ven siempre el rostro de mi Padre que está en el cielo'".[5]

La escena cambió y vi a la madre sentada al lado de un ataúd, en una reunión de personas. Ella estaba mirando al techo, con su rostro lleno de dolor. Delante del féretro se encontraba el hombre solemne, a quien había visto antes. Él leyó un salmo y oró por los afligidos. Luego trató de animar a los dolientes, explicando de la Biblia que el bebé, aunque muerto, volvería a vivir, y que un ángel lo había llevado al seno de Abraham.[6]

"EL CUERPO SIN VIDA QUE ACABA DE VER
EN LA VISIÓN ERA LA REPRESENTACIÓN
DE MI PROPIO CUERPO, LA MADRE
LLORANDO FUE MI PROPIA MADRE..."

La escena se desvaneció con el tiempo, y el niño me dijo: "Ese cuerpo sin vida que acabas de ver en la visión era mi cuerpo, y la mujer que lloraba era mi madre. Esto es lo que sucedió después de que salí de mi cuerpo. El hombre solemne era un ministro cristiano. El ángel que acaba de pasar frente a nosotros fue el que me llevó al lugar preparado para los niños pequeños y frágiles. Estos espíritus son ángeles que continuamente están alimentando sus pequeñas mentes".

Nota del autor: En este punto, en el libro original, siguen cuatro capítulos que describen en detalle cómo los ángeles alimentan y enseñan a los niños pequeños en una guardería especial en el paraíso. A fin de mantener un ritmo constante a través de la historia, estos cuatro capítulos, que son autónomos, se colocaron al final del libro (Véase el Apéndice B.).

Apoyo de la Palabra de Dios

1. *"Siendo inocentes... llevados al paraíso".* El rey David, en la muerte de su hijo bebé, nacido de Betsabé, dijo: "Yo voy a Él, mas Él no volverá a mí" (2 Samuel 12:23). Está totalmente en espera de reunirse con su hijo en el cielo.

2. "Mirad que no menospreciéis a uno de estos pequeños. Porque os digo que sus ángeles en los cielos ven siempre el rostro de mi Padre en los cielos" (Mateo 18:10).

3. Job 1:21 dice:

> "Desnudo salí del vientre de mi madre
> y desnudo volveré allá.
> Jehová dio y Jehová quitó;
> sea el nombre de Jehová bendito".

Éste era el grito de fe y resignación de Job cuando dramática y trágicamente perdió sus hijos, sus posesiones y sus servidores, en un solo día. Tenga en cuenta que estas palabras de Job se basan en su restringida visión terrenal de su situación. Él no estaba al tanto de los intercambios entre Dios y Satanás, y el hecho de que era la mano de Satanás la que produjo sus calamidades.

4. "Pero Jesús dijo: Dejad a los niños venir a mí y no se lo impidáis; porque de los tales es el reino de los cielos" (Mateo 19:14).

5. "Mirad que no menospreciéis a uno de estos pequeños; porque os digo que sus ángeles en los cielos ven siempre el rostro de mi Padre que está en los cielos"(Mateo 18:10).

6. "*El seno de Abraham*" se refiere al cielo.

> Aconteció que murió el mendigo y fue llevado por los ángeles
> al seno de Abraham; y murió también el rico y fue sepultado.
>
> —LUCAS 16:22

Este pasaje nos habla sobre un hombre rico y un hombre pobre que murieron. El rico fue llevado al infierno, y el pobre, al "seno de Abraham". Probablemente, el evento es un hecho; no una parábola. Las parábolas nunca identifican a las personas como esta historia ha hecho con Abraham, Lázaro y el hombre rico.

SEIS

Arquitectura del cielo

*U*NA VOZ POR ENCIMA DE NOSOTROS LLAMÓ: "¡VEN AQUÍ!".
Una nube de luz como de carros nos recogió y nos levantamos dentro de un área circular bastante parecida al interior de una torre. Sus paredes en espiral formaban galerías que giraban hacia arriba. Parecía estar formada por un arco iris envuelto en espirales de colores prismáticos. Cada uno reflejaba muchos colores hermosos de brillo sin igual.

Un profundo sentido de paz y alegría me llenó mientras subíamos a la parte superior. Nos encontramos en una llanura aérea, suspendida sobre la cúpula alta del templo central. Desde allí pude ver el diseño completo de la gran ciudad, que se extiende por todas partes. Su belleza era impresionante.

Debajo de mí estaba el Templo de Instrucción de los infantes. Construido de los materiales más preciosos, era una maravilla arquitectónica que se levantaba del centro de un vasto jardín circular de suave y exuberante hierba verde. Distribuidos a intérvalos regulares, había grupos de árboles majestuosos con ramos exuberantes de flores fragantes. Debajo de ellos, en los espacios abiertos, había pequeños cuadros de jardín llenos de todas las variedades de flores, arbustos y enredaderas floreciendo.

Fuentes de aguas danzantes llamaron mi atención. Algunas

brotaban de la hierba verde, para fluir con un murmullo bajo y agradable a través de canales de mármol o cuadros de arena dorada. Otras se derramaban desde muy alto, como cascadas que bajaban en arroyos que alimentaban las cuencas. Algunas de estas cuencas parecían diamantes, otras como la plata pulida o la perla más blanca.

El césped circular estaba rodeado por altos y abiertos enrejados, con una puerta de entrada en su lado oriental. Había un río fluyendo a través de la puerta de entrada, el cual se alimentaba de las fuentes interiores.

Cuando miré la ciudad que rodeaba, me di cuenta que este río la surcaba en doce grandes divisiones. El río fluía en un curso en espiral, en doce grandes curvas que salían del centro de la circunferencia. A cada lado del río había una ancha avenida y doce calles rectas que se intersecaban con esta avenida en espiral. Las calles rectas iniciaban en la tierra sagrada cerca del templo y se irradiaban a doce puntos igualmente divididos en el límite exterior. De modo que la ciudad estaba dividida en 144 barrios grandes, o divisiones, dispuestas en grados crecientes de magnificencia y belleza.

Como mi mirada siguió el camino del río que fluye y las avenidas señoriales, perdí la noción del tiempo y la conciencia de mí misma. Nunca había visto nada igual en todo su esplendor y complejidad, y me quedé completamente absorta, estudiándola.

EN MI VISIÓN, SIGUIENDO LA VÍA DEL RÍO
QUE FLUYE Y LAS AVENIDAS SEÑORIALES,
MI MENTE SE ABSORBIÓ HASTA QUE
TODO SENTIDO DE PERSONA O TIEMPO
SE FUSIONÓ A LA FASCINANTE VISTA.

Cada edificio en la ciudad era extremadamente grande y estaba perfectamente integrado con todos los demás. Toda la ciudad daba la impresión de ser un jardín de flores, un bosquecillo de árboles de sombra, una galería de esculturas y un mar de fuentes. Todos éstos, junto con los edificios, formaron una expansión ininterrumpida de arquitectura suntuosa, situada en un paisaje circundante de una belleza que le hacía juego. Éste estaba enmarcado por un cielo de colores que bañaba todos los objetos en sus matices increíbles y siempre cambiantes.

Después de un tiempo, me di cuenta de los habitantes, pero sólo puedo dar una idea mínima de lo que estaba ante mí. Yo lo describiría diciendo que la forma en que la multitud angelical se trasladaba era como una melodía única, animada por un amor inspirador, y moviéndose en un plan ordenado. Su enfoque era el desarrollo de los infantes encargados, hasta llevarlos al mismo estado de perfección que la ciudad.

La melodía de su movimiento se hizo eco en los grupos de niños, donde no había rivalidad o el deseo de una gloria egoísta. Por el contrario, cada grupo en cada guardería se unió a los grupos más maduros. De alguna manera, yo podía sentir que cada niño estaba lleno de amor santo y un deseo de crecer en sabiduría, para poder ser utilizado como un ángel de luz y hermosura. Pude ver que cada uno amaba aprender de aquellos más arriba y que se dedicaba por completo a los actos de amor desinteresado.

De esta forma, vi a todos los niños pequeños desarrollarse como pétalos de una flor, de belleza en belleza. Todo por encima de ellos era gloria. Todo a su alrededor era hermosura. Todo dentro de ellos era la melodía de desplegar la vida y desarrollar el amor, el conocimiento del cielo, la adoración del Salvador y la inspiración de la alegría eterna.

En este punto, mi guía me habló y me movió de esta escena. "Marietta, tú has visto las maravillas de la primera y más simple etapa del paraíso, donde los niños son enseñados". Me miró con solemnidad. "Pero antes de que puedas ir más lejos, hay una lección realista que tienes que recibir."

SIETE

Los conflictos en el infierno

ELLA TOCÓ MI FRENTE, Y DE INMEDIATO, EL BRILLO Y LA gloria se desvanecieron y comencé a descender. Me encontré a mí misma pasando a través de una baja y sombría bóveda subterránea, rodeada de gruesos pliegues de oscuridad. Un sentimiento de pavor sobrenatural se apoderó de mí y empecé a temblar espasmódicamente. Un terrible conflicto se levantó dentro de mí y llenó mi ser. Yo estaba asustada y confundida, y mis pensamientos se despedazaron en el caos total.

A medida que caía aún más, escuché un rugido lejano. Sonaba como si en un océano corriera una catarata rocosa. Me sacudía alrededor, intentando en vano de agarrar algo para frenar mi caída, la cual me llevaba hacia el horrible abismo de abajo.

En este momento, un destello azul sulfuroso iluminó la oscuridad. En cuanto desapareció, miré con incredulidad cómo espectros sombríos flotaban a mi alrededor, envueltos por el fuego del mal. Lejos estaban la santidad y la paz que rodeaban a los habitantes en el paraíso. El cambio fue tan repentino y terrible que no podía pensar con claridad. Mi mente se llenó de horror y desesperación. ¡Fui golpeada por el terror! ¡Me volví hacia mi guía para pedirle ayuda, pero ella se había ido!

TAN REPENTINO FUE EL CAMBIO Y
SUS EFECTOS TAN TERRIBLES SOBRE
MÍ, QUE NO HABÍA PENSAMIENTO
DENTRO DE MI MENTE, MÁS QUE
DE HORROR Y DESESPERACIÓN.

Sola en ese lugar tan terrible, no hay forma de describir ni de dar la más ligera idea de la agonía de ese momento. Al principio pensé que iba a orar, pero cuando empecé, mi vida entera pasó ante mí en un instante,[1] y me di cuenta de que era completamente indigna del favor de Dios. Grité: "¡Oh, si pudiera tener sólo una hora de vuelta en la tierra, por un tiempo, sólo un breve tiempo para hacerme digna para el cielo!".[2]

Mi conciencia me devolvió el golpe, como un monstruo. "¡Tuviste tu oportunidad![3] En tu tiempo en la tierra, le diste la espalda a la provisión que Dios hizo por tus pecados. ¡Le rechazaste por completo! ¿Crees que ahora en este lugar de oscuridad y dolor, tu declaración pueda tener éxito?"

Para añadir a mi miseria, todas mis dudas anteriores y mi escepticismo se levantaron como si fueran animales, mirándome y rodeándome de una burla condenadora. Todos los pensamientos de mi vida se alzaron con ellos. Ni uno solo de mis secretos se escondió; todos estaban allí. Incluso los que yo había olvidado estaban claramente frente a mí.

Al principio, venían de uno en uno, pero luego se combinaron y se llevaron mi propio carácter. ¡Me estaba enfrentando a mí misma! Para escapar de ellos, tenía que escapar de mí misma. Para aniquilarlos, tenía que borrar mi propia existencia.

Me quedé aturdida mientras las palabras del Salvador hacían eco en mi mente: "Los hombres tendrán que dar cuenta en el día del juicio de toda palabra ociosa que hayan pronunciado".[4]

Me tambaleé confundida, deseando escapar y regresar a mi cuerpo, pero otra escena apareció ante mí: la escena más terrible de todas. Era una visión clara y dramática de mi Redentor crucificado. Mientras aparecía, todas las ideas falsas que había tenido acerca de Jesús pasaron por mi mente en forma de imágenes.

En una imagen, vi esos pensamientos donde había visto a Jesús sólo como un hombre. En otra, estaban mis creencias acerca de la "doctrina" del perdón especial para un número limitado de personas que fueron "elegidos".[5] Junto con esto, vi las lágrimas que una vez había derramado cuando creí que estaba condenada a un castigo eterno porque pensé que esto había sido predestinado para mí.

Luego, en otra imagen, estaba la idea que una vez me había creado de que la salvación eterna sería entregada libremente a todo el mundo, sin necesidad de un cambio moral y sin una fe personal y amorosa en la muerte del Salvador por nuestros pecados. En otra imagen, vi mis ideas acerca de cómo obtener la salvación sólo a través de vivir una buena vida.[6]

Estas imágenes separadas se combinaron en una sola masa, girando alrededor de mí. En ella había diez mil imágenes confusas de todo lo que había aprendido o imaginado acerca de Cristo, el cielo, el infierno, la religión o la vida eterna. Todas mis ideas del Redentor se relacionaban entre sí, sin embargo, confluían de muchas maneras. Yo estaba completamente desconcertada por todo esto.

Vi en cada imagen una visión distorsionada del Salvador, pero ninguna de ellas, ya sea por separado o en conjunto, le mostraba como realmente es. Ninguna de ellas mostraba su gloria divina, su honor, su majestad, su perfección. Ninguna de ellas mostraba su poder de exaltación y redención. Yo, Marietta Davis, simplemente no era capaz de verlo en su verdadero carácter, como el Príncipe y Salvador.

Totalmente abrumada, estaba dispuesta a renunciar a toda esperanza de escapar de ese lugar. Llegué a la conclusión de que esta visión deformada del Salvador sería lo último: un espectáculo que llenaría mi copa de dolor hasta el borde. Yo ya había bebido de ella y me duraría toda la eternidad. Entonces, inesperadamente, lo vi en medio de una nube, extendiendo sus brazos hacia mí. Hablaba con una voz de amor, invitándome, tan cargada e imperfecta como yo estaba. "Ven a mí".[7]

¡Qué contraste! Vi a ese glorioso ser, rodeado de un resplandor tan brillante como el sol y de un halo de luz giratorio. Pude ver claramente su relación con el universo de luz donde los ángeles viven. También pude ver la disparidad tremenda entre mi propia naturaleza corrupta y ese lugar maravilloso de luz y vida, armonía y amor. Lo vi así, el Santo: Él en el resplandor de su gloria; el que yo había rechazado tantas veces en mi locura, en mi necedad, en mi escepticismo.

Me miró y se dio cuenta de lo desesperadamente que quería romper con las fuerzas de tormento mental que me rodeaban. Yo quería ir al paraíso y vivir allí en su belleza, paz y alegría, pero había tal abismo entre ese lugar santo y mi mente impura y caída, que no podía hacerlo. Todas mis dudas me invadieron una vez más.

Apoyo de la Palabra de Dios

1. "*...Toda mi vida pasó por delante de mí...*"

Mas yo os digo que de toda palabra ociosa que hablen los hombres, de ella darán cuenta en el día del juicio.
—MATEO 12:36

De manera que cada uno de nosotros dará a Dios cuenta de sí.
—ROMANOS 14:12

Y no hay cosa creada que no sea manifiesta en su presencia; antes bien todas las cosas están desnudas y abiertas a los ojos de aquel a quien tenemos que dar cuenta.

—Hebreos 4:13

2. Comparar la reacción del hombre rico en Lucas 16:19-31.

3. *"¡Tuviste tu oportunidad!"* Hebreos 9:27 nos dice: "...hombres que mueran una sola vez y después de esto el juicio".

4. "Mas yo os digo que de toda palabra ociosa que hablen los hombres, de ella darán cuenta en el día del juicio" (Mateo 12:36).

5. El calvinismo enfatiza escrituras acerca de la soberanía de Dios en salvarnos, a diferencia de las escrituras que hacen hincapié en nuestro libre albedrío para elegir cómo responder a Dios.

6. *"...obtener la salvación sólo a través de vivir una buena vida."* El apóstol Pablo escribió en Efesios 2:8-9:

Porque por gracia sois salvos por medio de la fe; y esto no de vosotros, pues es don de Dios; no por obras, para que nadie se gloríe.

7. "Venid a mí todos los que estáis trabajados y cargados y yo os haré descansar" (Mateo 11:28).

OCHO

La desesperación de los perdidos

CON ESTO, UN SOMBRÍO VELO DE NOCHE SE LEVANTÓ DESDE abajo. Mis dudas formaron una nube que cerró la gloria de arriba y me llevó a una vorágine de oscuridad. Me caí con rapidez, y la oscuridad alrededor se abrió para recibirme.

Finalmente, en lo más profundo, vi una vasta llanura interminable que parecía estar cubierta de vegetación brillante. Objetos resplandecientes, como árboles agitándose con espeso follaje y flores y frutas de cristal y oro, se podían ver en todas direcciones.

Una multitud de espíritus apareció bajo el follaje, moviéndose sin cesar de un lugar a otro. Llevaban capas luminosas, con coronas o diademas en la cabeza. Algunos llevaban joyas que parecían hechas de grupos de piedras preciosas, coronas de monedas de oro, y telas de oro y plata. Otros llevaban cascos altísimos o bandas de oro para la cabeza, hechas con plumas de gran tamaño que ondeaban y brillaban, mientras cada objeto emitía una luz pálida y fosforescente. Toda la escena parecía ser artificial, como llamativa, actuada.

La ropa utilizada por la multitud combinaba con su sombrerería. Podía verse todo tipo de ropa lujosa. Reyes y reinas aparecían vestidos con los magníficos trajes de coronación. Había grupos de la nobleza (hombres y mujeres) también adornados con la ropa vista en la magnificencia de las cortes de los reyes.

Vastos grupos de personas vestidas con ropas finas pasaban, y detrás de ellos vi gente de las tribus que llevaban adornos bárbaros de todo tipo. Algunos llevaban la ropa ordinaria del día, mientras otros estaban vestidos con trajes antiguos. A pesar de esta variedad de estilos de vestir, toda clase de espíritus actuaba con la misma pompa y orgullo, moviendo sin descanso el brillo deslumbrante.

Entonces escuché sus voces: carcajadas, gritos de jolgorio, diversión alegre, graciosa y ridícula. Había obscenidades, maldiciones terribles y el sarcasmo pulido. Mezclados con éstos, escuchaba proposiciones degradantes, cumplidos huecos y maldicientes, y felicitaciones hipócritas. El brillo chispeante de todo esto me perturbaba y desconcertaba.

Avancé lentamente y con cautela, como si estuviera caminando sobre escorpiones en medio de carbones al rojo vivo. Los árboles que se movían a mi alrededor eran explosiones de fuego, y sus flores eran la chispa de las implacables flamas.[1] Cada objeto me causaba agonía mientras me aproximaba.

El resplandor fosforescente alrededor de cada objeto quemó mis ojos. El fruto quemó mi mano al recogerlo y lastimó mis labios al tratar de comerlo. Las flores amontonadas despedían un gas combustible con un apestoso y nocivo olor que causaba un dolor insoportable en mi nariz. Los átomos feroces de la atmósfera ardían al flotar junto a mí, y el aire que los trasladaba estaba cargado con decepción y miseria.

LAS FLORES AMONTONADAS HABÍAN EMITIDO UNA EXHALACIÓN ARDIENTE, CUYO OLOR FÉTIDO Y APESTOSO, INHALADO EN LAS FOSAS NASALES, CAUSABA UN DOLOR INSOPORTABLE.

Me volví para ver si podía encontrar aunque fuera una sola gota de agua para saciar mi sed.[2] Mientras lo hacía, aparecieron fuentes y arroyos pequeños que corrían entre los arbustos y desembocaban en piscinas tranquilas y apacibles. Sin embargo, pronto descubrí que las piscinas no eran más que otro engaño, y el rocío de las espumosas fuentes caía como gotas de plomo derretido, haciéndome retroceder de horror. Las pequeñas corrientes de agua eran como metal líquido de un horno, y las profundas piscinas de hierro eran de plata ardiente en un crisol brillante, en la que cada átomo ardía con un resplandor intolerable.

Mientras miraba espantada estas cosas horribles, un espíritu se acercó a mí y yo lo reconocí. Ella era alguien que había conocido en la tierra. Se veía mucho más brillante de lo que había sido en la carne. Su cuerpo, cara, ojos y manos parecían tener un brillo metálico que cambiaba con cada movimiento y cada pensamiento.

"Marietta, nos encontramos nuevamente, pero…" Ella hizo una pausa y me miró. "Yo sé que tú no te quedarás aquí, como yo debo hacer. Podrás ver que ahora soy un espíritu incorpóreo. Todo aquel que internamente niega al Salvador viene aquí cuando muere.

"Extrañas emociones agitan tu seno. Así me sentía..."

"Puedo ver sensaciones extrañas revolviéndose en tu corazón. ¡Sentí lo mismo! Cuando descubrí dónde estaba, me sentí totalmente desconcertada y llena de ansiedad. Sin embargo, también experimenté algo que todavía no has conocido. Dentro de este brillante exterior se encuentra un profundo dolor que me encantaría ocultar." Ella continuó rápidamente: "Tengo que decirte, tengo que advertirte".

Siguió con seriedad. "Mi vida en la tierra de repente llegó a su fin. Al salir del mundo, viajé muy rápidamente en la dirección de mis deseos más fuertes. Interiormente, yo siempre había querido ser perseguida, honrada y adulada por todos. Yo quería seguir los deseos perversos de mi corazón orgulloso y rebelde. Yo quería el placer sin restricciones; la libertad de llenar cualquier pasión y hacer lo que quisiera. Yo quería vivir en un mundo donde no hubiese religión, ni oración, ni iglesia, ni nadie que me reprochara cuando hiciera algo malo. Yo quería un lugar donde pudiera pasar todo mi tiempo a mi ritmo, sin que me detuvieran.

"Por eso entré en el mundo de los espíritus con estas actitudes y terminé en el lugar adecuado para ellas. Corrí para disfrutar de las cosas brillantes que se pueden ver y fui recibida inmediatamente, pues ellos podían ver que yo pertenecía aquí. Ellos no te dieron la bienvenida porque podían ver que tus deseos subyacentes son muy diferentes.

"ME DIERON LA BIENVENIDA CON SONIDOS ALEGRES Y FESTIVOS."

"Tuve una acogida maravillosa. Se apresuraron para saludarme y abrazarme, gritando: '¡Bienvenida! ¡Bienvenida!'. Yo estaba sorprendida y confundida, pero sin embargo, emocionada y excitada por la atmósfera del lugar. Me encontré palpitando con un poder extraño e inquieto.

"Una luz fosforescente fue emitida por cada parte de mí. Se concentraba sobre mi cabeza como una corona brillante y se reflejaba en mi cara, dándole un resplandor salvaje, sobrenatural. A medida que exhalaba, mi respiración se volvió como un manto que se envolvía a mi alrededor, haciéndome ver como todos mis compañeros aquí. Me di cuenta de que alguna fuerza extraña se estaba propagando a través de mi cerebro, poseyéndolo absolutamente.

"Seguí mis impulsos y me eché en las atracciones alrededor de mí. Quería placer y me fui tras él. Yo festejé, me uní a la danza sensual y salvaje. Tomé la fruta brillante. Me sumergí en las rápidas corrientes y me lanzaba a mí misma con todo lo que parecía ser delicioso y acogedor, pero cuando probé estas cosas, me di cuenta que eran repugnantes, y me causó más y más dolor. Mis deseos son tan poco naturales que las mismas cosas que anhelo, detesto, y las cosas en que me deleito, me torturan. Me dan una extraña adicción. Mi apetito está embotado. Sin embargo, mi hambre no está satisfecha y nunca podrá ser satisfecha.[3]

"Mi apetito está empañado y sin embargo mi hambre no es apaciguada e implacable."

"Me apetece todo lo que veo, pero cuando lo alcanzo, sólo trae decepción y agonía. Cada nueva experiencia trae extrañas fantasías, alucinaciones e intoxicación. Cosas curiosas ocurren todo el tiempo, y me causan más alucinaciones y más miedos.

"Yo parezco haberme convertido en una parte de toda esta escena. No puedo dejar de decir lo que todos los demás están diciendo. Me río y filosofo. Me burlo, blasfemo y ridiculizo. Sin embargo, todo lo que digo, no importa lo impuro, está llena de ingenio chispeante, metáforas brillantes y persuasión inteligente."

Hizo un gesto a su alrededor. "Los árboles agitándose, los frutos brillantes, los objetos de oro, los fantasmas en movimiento, las aguas de engaño como una imagen deslumbrante, sólo se burlan de mí. Anhelo satisfacer mi hambre y sed, pero mi deseo crea una ilusión de aguas frescas que nunca se pueden beber, de deliciosas frutas que nunca se pueden degustar, del aire puro que nunca se puede sentir, y el sueño apacible que nunca se puede disfrutar. Estoy plenamente consciente de que estas cosas a mi alrededor son sólo fantasías engañosas, pero son una magia cruel y controladora que domina y confunde mi mente.

"Me siento atraída continuamente hacia el mal. Soy la esclava de la perversión, el engaño y la maldad que los controla. Mi voluntad es morir y muero. También lo hace mi esperanza de la libertad mental. En lugar de eso, estoy convencida de ser una parte fundamental de toda esta fantasía."

Ella me miró con los ojos llenos de desesperación, y señaló a su alrededor. "Este lugar, cortado por esa nube oscura, es un gran mar de perversión y depravación. Aquí encontrarás la lujuria y el orgullo, el odio y la codicia, la ambición y la lucha, el amor propio, blasfemias y fiestas locas, todo desplegado en un fuego voraz. Si algún mal no es la especialidad de un espíritu, siempre hay otro que le facilite. El efecto total es la combinación de todos los males. Aquí es donde yo vivo y estoy atada a esto."

"POR ESTA FUERZA DEL MAL ESTOY ATADA Y EN ÉSTA EXISTO."

Ella forzó mi atención a los grupos de personas que estaban dando vueltas. "Éstos son los que explotaban a los pobres, los empresarios que robaban a los trabajadores de sus salarios, otros que ponen pesadas cargas sobre los cansados. Los que siguieron a las religiones falsas están aquí, así como los hipócritas, adúlteros y asesinos. También están los suicidas, los que no estaban satisfechos con sus vidas y las llevaron a su fin.

"Si sólo la gente supiera sobre la oscura y terrible noche en la que caen cuando mueren sin preparación, harían todo lo posible para aplazar su muerte, en vez de acelerar su entrada, sin importar cuán grandes sean sus problemas. Ellos utilizarían su sentido común para mejorar sus vidas. La Tierra", añadió, "es un lugar de prueba para todos."[4]

Me obligó a caminar por un sendero hacia el lado. "¿Crees que la vida está llena de dolor en la tierra? Bueno, aquí, no importa dónde mires, encuentras muchas más razones para la tristeza. ¿Está desapareciendo tu esperanza de encontrar la felicidad en la tierra? Bueno, todo lo que encontrarás en este lugar será una incesante insatisfacción y un deseo impío."

Hizo una pausa; una mirada de dolor se extendía por su cara.

"No sólo eso, sino que tus sentidos aquí están infinitamente más agudos. En la tierra hay muchos pecados que no hacen más que dar a tu conciencia una punzada. Aquí, los mismos pecados penetran en la esencia misma de nuestra existencia y el dolor se convierte en una parte de nosotros. Además de eso, la conciencia del sufrimiento y la capacidad de sufrir son mucho mayores aquí de lo que son en la tierra."

"...EN LA MISMA PROPORCIÓN, LA CONCIENCIA Y LA CAPACIDAD DE SUFRIMIENTO AQUÍ SON SUPERIORES AL SUFRIMIENTO HUMANO."

Se detuvo frente a mí y me miró a los ojos.

"Marietta, parece inútil tratar de describir nuestra condición deplorable aquí. A menudo me pregunto, ¿no hay esperanza? No obstante, yo sé la respuesta. ¿Cómo puede vivir la falta de armonía en medio de la armonía? Cuando estábamos en el cuerpo, se nos advirtió a menudo acerca de las consecuencias de nuestro estilo de vida, pero nosotros amábamos nuestros propios caminos más que los que eran buenos para nosotros. Ahora hemos caído en este lugar terrible. Hemos causado nuestro propio dolor."

Su rostro se retorció de dolor mientras ella reflexionaba.

"Dios es justo. Él es bueno. Sabemos que esta situación en la que estamos no es el resultado de una ley de venganza de nuestro Creador. Marietta, esta miseria se produjo al nosotros romper la ley moral.[5] Deberíamos haber obedecido y entonces habríamos estado a salvo. Hubiésemos vivido en paz y plenitud.

"¡Pecado!", jadeó. "¡Tú, padre de infinitos problemas! ¡Tú, insidioso enemigo de la paz y el cielo![6] ¿Por qué los mortales aman tus caminos?"

En este punto, ella fijó sobre mí sus ojos, locos de desesperación. Me encogí con su mirada terrible y la tortura revelada en su rostro. Di la vuelta y me di cuenta que muchos más de los seres sin esperanza se habían reunido a su alrededor, tratando de reprimir sus verdaderos sentimientos al escuchar la descripción de sus sufrimientos. Yo estaba llena de horror y me volví para tratar de escapar de ella.

Esto parecía empeorar su dolor y habló rápidamente. "No, Marietta, no me dejes. ¿No puedes soportarlo, aunque sea por un tiempo corto, para ver y escuchar acerca de las cosas que estoy sufriendo? Quédate conmigo porque tengo más qué decirte." Ella habló incluso con más fervor.

"Estás sorprendida por estas escenas, pero déjame decirte esto. Todo lo que ves a tu alrededor es sólo la superficie de problemas aún más profundos. Marietta, no hay seres buenos y felices viviendo con nosotros. Todo está oscuro. A veces nos atrevemos a esperar la redención, aún recordando la historia del amor redentor. Nos hacemos la pregunta: ¿Podrá ese amor penetrar este lugar de oscuridad y muerte? ¿Hay alguna esperanza de que podamos ser libres de estos deseos e impulsos que nos atan como las cadenas? ¿Nunca vamos a ser liberados de las ardientes pasiones en este miserable mundo?"

Vencida por sus sentimientos, ella comenzó a llorar y no me habló de nuevo. Otro espíritu gritó: "¡Vete y déjanos a nuestra suerte! El solo hecho de tu presencia nos causa dolor. Nos recuerda de nuestra pérdida de oportunidades y de...".

Se detuvo y pausó por un momento, luego continuó. "No, no te vayas. No sé por qué, pero me siento obligado a hablar contigo. Te diré lo que hemos aprendido aquí sobre el poder del mal y por qué la gente es tan atraída por él. ¡Escúchame!" Se detuvo de nuevo para organizar sus pensamientos.

"Cuando una persona está en el cuerpo, su espíritu es difícil de percibir. Está en su interior, invisible. Pero cuando muere y entra en este lugar, ese espíritu se convierte en la base misma de su existencia. Se convierte en todo su ser. Impregna todo, controla todo y todo lo inspira.

"La gente en la tierra se niega a creer que los hombres y las mujeres sufrirán por sus pecados cuando el espíritu deje el cuerpo. Ellos piensan que el amor y la bondad de Dios nunca permitirían que esto suceda, pero el mal y el sufrimiento sin duda existen en este lugar. La causa de esto es obvia, sin embargo, la gente lo rechaza e incluso acusan del mal a Dios." Me miró.

"Violar la ley de Dios siempre tiene consecuencias nocivas. Produce muerte en lugar de la vida y la perfección. Es el pecado, la ruptura de la ley, lo que impide a los hombres y las mujeres convertirse en lo que estaban destinados a ser. Es el pecado lo que los aleja de una vida con Dios.

"Este hecho es evidente en cada aspecto de nuestras vidas, siempre que las leyes se rompen. Este lugar está lleno de los resultados terribles de esto."

Él levantó su cara contorsionada y gritó con desesperación.

"¿Por qué la gente no entra en razón y se da cuenta de lo que sucede cuando ellos pecan? ¿Por qué no dejan de pecar y buscan a Dios para escapar de estas terribles consecuencias? Marietta, obviamente, no eres uno de nosotros. Tú saldrás de aquí y regresarás a lugares de paz. ¡Ah!", gimió. "Nos abruma con locura dondequiera que se menciona la paz y el amor. Te digo estas cosas porque regresarás a la tierra. Dile a esa gente lo que has visto y adviérteles sobre las cosas terribles que les espera a aquellos que continúen gratificando sus malos deseos."

Yo retrocedí con horror a su arrebato. La horrible mirada de su rostro se imprimió en mi mente para siempre, pero en ese momento me removieron de su presencia.

Yo sabía que lo que acababa de presenciar era completamente real e innegable. ¡Esos espíritus eran personas que yo había conocido en la tierra! ¡Pero cómo habían cambiado! Se habían convertido en la encarnación de la tristeza y el remordimiento. ¡Cómo me hubiera gustado que pudieran escapar para convertirse en puros y ser capaces de unirse a los espíritus felices en el Paraíso de la Paz!

Apoyo de la Palabra de Dios

1. "*...las implacables flamas.*" Dijo Jesús del infierno, "...el gusano de ellos no muere y el fuego nunca se apaga" (Marcos 9:48).

2. "*...una sola gota de agua para saciar mi sed.*" Comparar el hombre rico en el infierno en Lucas 16:24:

> Entonces Él, dando voces, dijo: "Padre Abraham, ten misericordia de mí y envía a Lázaro para que moje la punta de su dedo en agua y refresque mi lengua; porque estoy atormentado en esta llama".

3. Nuestros deseos y las cosas buenas que los satisfacen: la comida, la bebida, dormir, etc., fueron creadas por Dios, y todos, buenos y malos, disfrutan su satisfacción. En el cielo, donde todo es bueno, los deseos se cumplen perfectamente. Por el contrario, el infierno no tiene la satisfacción de los deseos innatos. El rechazo a Dios es también un rechazo a los regalos de Dios.

4. "*...La Tierra es un lugar de prueba para todos.*" La Biblia tiene muchas referencias a las pruebas de Dios.

- Dios puso a prueba la obediencia de Abraham: Génesis 22:1; Hebreos 11:17

- Job fue probado en su sufrimiento: Job 23:10; véase también Salmo 26:2; 66:10; 139:23; Isaías 48:10

- La prueba de Jesús a Felipe: Juan 6:5-6

- Nuestras pruebas: 1 Corintios 3:13; Santiago 1:12-14

5. "*...la ley moral*" - los Diez Mandamientos.

6. "*¡pecado... insidioso enemigo de la paz y el cielo!*" Romanos 6:23 dice: "Porque la paga del pecado es muerte".

NUEVE

El intelectual, el falso maestro y los adoradores sin corazón

*E*N ESE INSTANTE, ME ENCONTRÉ EN UN LUGAR DE COMPLETA oscuridad. No podía ver nada; ni sol, ni estrellas, ni luz. La oscuridad se hizo más y más intensa y cerrada a mi alrededor. Sentía que me ahogaba. ¡No había manera de salir! ¡Mi destino estaba sellado!

Entonces oí una voz suave y hermosa a la distancia diciendo: "Pide ayuda a Jesús. Él es el que da la vida".

Una esperanza brotó en mi interior, pero en un instante una ola gigante de rebelión se levantó y luchó contra ella. Inmediatamente, caí aún más lejos a través de una profundidad incalculable, y me detuve en un abismo habitado por otro grupo de seres espirituales. Pronto descubrí que estos espíritus se encontraban en una situación aún más terrible que los que yo acababa de dejar atrás.

En primer lugar, se reunieron alrededor de mí y me elogiaron por las dudas que tenía sobre la divinidad del Hijo de Dios. Luego, un espíritu con intelecto "gigante" se acercó y me habló en confidencialidad.

"La religión de la Biblia es venerada por muchos de los que viven en la oscuridad y están atrasados en su pensamiento. Tú, por supuesto, debes ser capaz de ver que es sólo una farsa espiritual."

Continuó con altanería. "El Dios de la Biblia, a quien los cristianos llaman el Salvador del mundo, fue sólo un hombre. Todo lo que la fe religiosa puede hacer es limitar el alcance del pensamiento humano. Ata el intelecto noble y obstaculiza el desarrollo de la raza humana.

"Aquellos que acabas de visitar son una clase de espíritus que han sido cegados por las ideas engañosas de las personas religiosas en la Tierra." Él se burló. "Ellos están totalmente inmaduros cuando llegan aquí. ¡Todavía se aferran a la idea de una posible redención a través de Cristo! Parecen sufrir, pero su sufrimiento es sólo imaginario." Una mirada de compasión arrogante invadió su rostro. "La comprensión les llegará dentro de poco y entonces descubrirán la tontería de su aprendizaje religioso. En la actualidad, todavía se aferran a ella, a pesar del hecho de que la mayor parte de su naturaleza la ha rechazado."

Agitó los brazos grandiosamente.

"Aquí somos libres. Nuestro entendimiento no está restringido, y comprendemos la magnificencia y la gloria del universo poblado. Disfrutamos de los ricos productos de las más altas cualidades de la mente, y constantemente están elevándonos a cada vez más altos logros intelectuales y la nobleza de las cosas terrenales. ¡Ah! No necesitamos la religión de la cruz para lograr estas cosas.

"DISFRUTAMOS DE LA RICA PRODUCCIÓN DE LOS ATRIBUTOS SUBLIMES DE LA MENTE Y, NO POR LA RELIGIÓN DE LA CRUZ, NOS LEVANTAMOS SOBRE LAS MÁS EXALTADAS ESFERAS DE LOGROS INTELECTUALES Y LA CONMOVEDORA GRANDEZA DE LAS COSAS TERRENALES."

"Marietta, estábamos observándote cuando la oscuridad te rodeó hace unos momentos atrás. Sabíamos que podías pedir ayuda en nombre de Jesús porque así es como te han enseñado. También escuchamos la voz diciendo: 'Mira a Jesús'." Él se rió burlonamente. "¿Acaso eso te salvó? ¡Por supuesto que no! ¡Debes darte cuenta hasta ahora que la salvación viene del desarrollo natural de tu propio ser, y no por llamar el nombre de alguien!"

Miró a su alrededor y continuó. "¿Qué puedes ver aquí, Marietta? Mira las maravillas de esta existencia y deshazte de tus ideas sobre la religión vacía de la Biblia. Este lugar es conocido como la Segunda Esfera. Reunidas a tu alrededor están grandes mentes de muchos lugares diferentes en la tierra. Tienen una fuerza de inteligencia que nunca cedería ante la fuerza de la religión imaginaria. Ellos nunca cantaron los inútiles salmos e himnos o la música tonta de la iglesia. Lo que cantan es acerca de la naturaleza.[1] Sí y más aún, son una parte noble de la misma, creciendo y desarrollándose como una sola."

Utilizó toda su energía a su mayor
capacidad para hacer retroceder
la marea que le sobrecogía. De
pronto, se estremeció en la amargura
de alguien hundiéndose en una
desesperación irremediable y luego
cedió a la influencia intrusiva...

En este punto, el espíritu que estaba hablándome titubeó y luego se agitó. Me quedé mirando, aterrada, mientras era testigo de un cambio dramático. Su confusa y nebulosa forma fue sacudida por una serie de choques, lo que le causó retorcerse y convulsionar. Yo no podía ver de dónde venían los choques, pero destellos como hojas grandes de luz fantasmal iluminaban la nebulosa forma que le rodeaba, y luchaba violentamente para vencer el poder que tenía sobre sí. Luchó con toda la fuerza que pudo reunir, pero finalmente se quejó con la amargura de la desesperación sin esperanza, y se rindió.

Al instante, un amplio campo se abrió delante de mí. En una mirada pude ver todo tipo imaginable de vicio, junto con todos los tipos de la sociedad humana, el gobierno y la tribu. Vi a los ateos y todo tipo de religión, así como toda forma de adoración. Incluso las personas que normalmente asisten a la iglesia estaban allí, los que habían adorado bajo el mensaje de la cruz, pero que sus corazones no habían sido tocados por ella.[2]

Cuando observaba, oí una voz desde muy arriba diciendo: "Marietta, no tengas miedo, pero estudia este lugar de confusión. Aquí están los autoengañados, aquellos que confían en la falsa filosofía y los que odian a Dios. También encontrarás el falso cristianismo de la tierra con la burla y la hipocresía religiosa. Verás lobos humanos que llegaron vestidos con ropa de oveja, que satisficieron su codicia explotando a la gente simple y confiada."

Mientras la voz hablaba, una extraña cacofonía de sonidos cayó en mis oídos.

"¡Escucha! ¡Oye ese canto salvaje! Proviene de los miles que una vez cantaron himnos de adoración al Dios vivo, sin sentimiento en absoluto. Escucha a dicho órgano croar. Mira, la gente está de pie. Observa lo que hacen y escucha lo que están diciendo."

Cuando pienso en lo que he visto, estoy profundamente consciente de mi incapacidad para describirlo adecuadamente. Sólo aquellos que lo vieron podrían entender su terrible realidad. Sólo puedo decir que todo régimen de maldad que se puede encontrar en el hombre estaba vivo y evidente. Cada espíritu era como un actor, interpretando el papel que había cultivado en la tierra. Sabía que si estas personas tenían alguna esperanza de la felicidad, sólo podría ser algo irreal e inútil. Cada uno luchaba por obtener algún tipo de plenitud por la experiencia, pero la terrible fantasía de todo esto retrocedía a ellos con un horror indecible.

Mientras miraba, el coro en las galerías se puso de pie y comenzó a cantar. El sonido triste del órgano espectral resonaba en mis oídos, y nota tras nota de sus intentos de cantar sólo produjo discordias burlonas. Sentí lástima de ellos cuando vi que se hundían de nuevo en la desesperación absoluta.

Debajo de ellos estaba sentada una audiencia exigente, ante la cual estaba en pie y en un púlpito de arquitectura gótica, uno vestido con atuendos sacerdotales...

Debajo del coro estaba sentada una congregación, profundamente crítica de las cosas que se les presentaban. En un púlpito gótico frente a ellos, estaba un hombre vestido con túnicas sacerdotales. Él era su ministro, pero había deshonrado al Redentor por su hipocresía y su orgullo. Su amor por Dios era un pretexto, y su conducta había traído el descrédito al verdadero ministerio cristiano. En este lugar terrible, él representaba a todos los que explotaron y abusaron de las cosas religiosas.

Frente a él había un libro abierto. Trató de leerlo, pero fallaba en cada intento. Su voz era aguda y penetrante, y su acento difícil de entender. Su cara se distorsionó, y se retorcía y agonizaba en sus esfuerzos por leer. Lo intentó una y otra vez, pero con el mismo resultado. Su frustración creció hasta que estalló con vehemencia, maldiciendo a su propio ser y a todo el mundo a su alrededor. Entonces, comenzó a blasfemar contra Dios, culpándolo de todos los males y dolor. Incluso trató de reunir a todo intelecto creado, para maldecir al Creador del universo.

Sus blasfemias, sus modales y su pasión insaciable lo tornaron tan desesperado que yo tenía miedo de que pudiera destruir todo a su alrededor. De repente, se dio por vencido, agotado, y me di cuenta de que su fuerza era limitada y, en gran medida, estaba bajo el control de su público.

Una mirada a la multitud fue suficiente para saber por qué estaba sufriendo así. Sus rostros mostraban un odio profundo y un placer maníaco, mientras se burlaban de sus esfuerzos. Se deleitaban de su terrible agonía, con un placer diabólico. Sin embargo, yo percibía que el placer de la multitud era como el alivio que uno siente cuando se frota una contusión, sabiendo en todo momento que cuando te detengas, el dolor será mucho peor.

TODA SU APARIENCIA DESPEDÍA AGONÍAS IGUALES A LAS PEORES CONCEPCIONES DEL INFIERNO DE LOS PECADORES...

A medida que el ministro se hundía de nuevo, la expresión de su rostro era de horror indescriptible. Incendios fantasmales brillaban a su alrededor y se retorcía con una agitación interna tan tumultuosa como la de un volcán. Sus agonías eran iguales a las peores ideas del infierno de los pecadores. Me recordó las palabras de Jesús: "Y al siervo inútil echadle en las tinieblas de afuera; allí será el lloro y el crujir de dientes donde el gusano de ellos no muere y el fuego nunca se apaga".[3]

Mientras yacía allí, envuelto en el fuego de sus propias pasiones impías, uno en la audiencia se levantó y le reprendió.

"¡Tú, demonio de las tinieblas! ¡Tú, hijo de hipocresía! ¡Mentiroso! ¡Engañador sin igual! ¡Tú estás en el infierno reservado para los maestros religiosos sin corazón! ¡Nunca podrás soportar suficiente castigo! Tú volviste la religión y las almas de los hombres en nada más que un medio para ganarte la vida. ¡Sí! ¡Y por eso incluso fuiste honrado y respetado! Tomaste las cosas fáciles, en lugar de llegar a las almas de los hombres y mujeres. Tú no buscaste corazones en ruinas y nunca los trajiste a la verdad del cielo que salva las almas. Todo lo que hiciste fue decirles lo que ellos querían oír y así magnificabas sus ilusiones. ¡Ahora estás siendo atormentado como se debe!

"¡Levántate, falso maestro en tu vestido de seda! Levántate y muéstranos cuán grande es tu falso apostolado. Háblanos palabras suaves y dirige el coro en su ridícula parodia de una canción. Detén tu blasfemia y maldición, y no desees más el poder apartar a Dios de su trono." El orador enfatizó las palabras. "Tu creador es justo y tú te has burlado de su majestad. Tú debiste haber mostrado al mundo su gloria y, por esa luz, miles de personas debieron haber sido dirigidas a buscar su rostro."

Este ministro trató de salir, pero el orador continuó. "¡No, hipócrita! Tú quieres escapar, pero no puedes. Mira esta multitud de gente sufriendo y luego pregúntate por qué están aquí. Sí, es cierto que cada uno de ellos ha pecado y es responsable de sus actos, pero, ¿podrías mirarlos aquí con una conciencia tranquila, sabiendo cómo tú los has engañado?

"TÚ APRENDISTE ENSAYOS Y ELABORASTE EXPOSICIONES DE LA SAGRADA PALABRA, LAS ADORNASTE CON UN INGENIO POÉTICO DIRIGIDAS EN UNA EXHIBICIÓN MUY ELOCUENTE, ¿NO CAYERON EN EL SUEÑO MÁS PROFUNDO DEL ESPÍRITU DORMIDO, MIENTRAS SE RETORCÍAN TUS MORTALES FRENTE A LOS LAURELES HUMANOS?"

"¿Trataste de llevarlos a Dios? ¡No! En lugar de eso, escribiste ensayos aprendidos y elaboraste exposiciones bíblicas. Adornaste tus sermones con una poesía brillante y una maravillosa oratoria, pero el único resultado fue que las personas cayeron en una apatía aún mayor, mientras tú recibías el honor por tus palabras inteligentes." En este punto, el ex ministro gritó: "¡Alto! ¡Alto! ¡Déjame en paz! ¡Mi remordimiento me tortura y he tenido suficiente! ¡Nunca termina! ¡Alto! ¡No me hagas más daño! Sé que merezco este sufrimiento. Yo sé que toda mi vida he hecho las cosas sólo por placer. Yo bromeaba con las almas de los hombres y escribía sin convicción acerca de las cosas eternas. Hacía mis oraciones sólo para complacer a la gente. Yo interpretaba la Biblia para adaptarla al egoísta, al caprichoso y al orgulloso, y encontré excusas para aquellos que oprimían a otros.

"¡Esta existencia es puro horror! ¡El dolor y la noche sin fin se han apoderado de mí! Oigo las voces de lamentos, veo el enojo de los espíritus frustrados. ¡Ellos me persiguen! Si trato de escapar, encuentro una multitud de demonios frente a mí como fantasmas. Ellos no dan descanso a las almas aquí. Mis feligreses me vuelven loco con sus amargas maldiciones. Los recuerdos de mis pecados secretos se levantan como demonios y me causan un dolor interminable. ¡Ahórrame un infierno más profundo! "

Al decir estas cosas, todo el público se puso en pie y se burló de él en su agonía. El espíritu que le había reprendido continuó censurándole: "Tú sabías muy bien que hubiéramos hecho lo que nos dijeras que hiciéramos. ¡Pero cuando hicimos mal las cosas, cosas que podrían causarnos terminar en este lugar, tú, nuestro supuesto profesor de religión, no trató de corregirnos!⁴

"La Biblia, el libro sagrado, es un don de Dios para guiar la gente al cielo, pero fue mal interpretada por ministros y teólogos como tú. Todos ustedes aman el placer; sus corazones estaban lejos de Dios. ¡Su versión de la Biblia era un pasaporte a este lugar!"

"Ahora todo lo que conocemos es un amargo dolor. Nuestros pecados maduran aquí y se convierten en seres vivos. La última moda que alguna vez fue tan importante para nosotros, ahora nos une como un fuego inextinguible. Y el dios dinero que todos adorábamos se sienta como un fantasma en las nubes de la muerte que se ciernen sobre el abismo."

Él señaló con el dedo al ex ministro. "La vida aquí es la consecuencia de violar la ley de la vida. ¡Tú la violaste! ¡Fuiste impulsado por tu deseo de gloria! Tu clase de religión era hipócrita, como una tumba blanca y limpia. En el exterior, te veías hermoso y puro, pero en el interior, tu corazón era un antro de lujuria y orgullo; una guarida de pensamientos de serpientes. Era una tumba llena de huesos de muertos; el legado de otros crueles ministros intolerantes y teólogos.[5]

"No maldigas a tu Creador", se rió burlonamente. "Esta es tu merecida recompensa. Escucha y te citaré un pasaje bíblico que tantas veces predicaste con tanto descuido. ¡Escucha esto! 'El que siembra para su carne... segará corrupción'.[6] Aquí hay otro: 'Porque la paga del pecado es muerte'.[7]

"Estos versos resuenan tan fuerte aquí. Llegan a los hogares de todo espíritu. Tocan todas las partes de nuestros sentidos. Peor aún, se amplían al máximo por el destino de este lugar.

"No, falso maestro, Dios y su palabra son verdad,[8] mas el pecado nos ha hecho esto. Sufrimos porque hemos violado la ley de Dios."

Al pronunciar estas palabras, un temblor de miedo tomó su forma.

Al pronunciar estas palabras, comenzó a temblar violentamente. Se agitaba más y más hasta que él y el resto de la congregación se derrumbaron en el suelo. Mientras esto pasaba, parecía como si ellos perdieran su individualidad, y comenzaron a mezclarse en una masa agitada de vida. Sobre esta masa se levantó una espesa nube, tan densa que parecía ser una parte del cuerpo retorciéndose debajo.

La imagen era demasiado fuerte para mí. No podía soportar por más tiempo estas lamentables escenas. Me encogí y exclamé: "¿No hay un Dios de misericordia en alguna parte? ¿Él no puede ver estas cosas y salvar a esta gente?"

"Sí", declaró una voz por encima de mí. "Sí, hay un Dios de misericordia. Él ve a los pecadores y suspira por ellos con gran compasión. ¿No habéis leído el pasaje que dice: 'Porque de tal manera amó Dios al mundo, que ha dado a su Hijo unigénito, para que todo aquel que en Él cree, no se pierda, mas tenga vida eterna'?"[9]

La voz adquirió un tono de duelo. "Pero a pesar de que la salvación es ofrecida a todo el mundo, a pesar de que los cristianos creyentes la explican a los pecadores y la defienden, hay millones que la rechazan. También hay millones de otros que pretenden creer, pero tienen sus propias ideas falsas acerca de la redención. Otros experimentan dolor en la tierra a causa de sus propios pecados, pero muchos de ellos no van a cambiar. Caen en la terrible miseria simplemente porque violaron la ley de la pureza y el amor."

Miré hacia arriba, tratando de determinar de dónde venía la voz. "No tengas miedo, Marietta, pero entiende estas cosas. Date cuenta también que tú has visto sólo una pequeña parte del sufrimiento que el pecado trae a los espíritus de los hombres y mujeres. El sufrimiento espiritual está más allá del poder para describirlo. Incluso las cosas que acabas de ver no te pueden dar una comprensión completa. Permíteme explicarte."

La voz continuó.

"EL QUE TE ABORDÓ POR PRIMERA VEZ REPRESENTA EL ESPÍRITU DEL ANTICRISTO QUE PRETENDE DESLUMBRAR LA PERCEPCIÓN ESPIRITUAL CON IMÁGENES BRILLANTES DE RAZONAMIENTO FALSO..."

"El espíritu del entendimiento 'gigante' representa el espíritu del anticristo. Él trató de confundirte con argumentos que parecían razonables. Detrás de todo esto, estaba la falta de armonía, el amor por uno mismo, la crueldad, el deseo impuro, la lujuria, la violación y el asesinato, y la negación de Dios y su misericordia salvadora, junto con el sacrilegio y la blasfemia. Él trató de engañarte. Trató de ocultar las cosas que suceden a los que no están controlados por el amor de Dios. Pero él falló y tú aprendiste que sólo Cristo puede salvar a alguien de los efectos del pecado. Todo lo demás es inútil.

"Entonces tú viste al coro en su galería, con toda clase de mal. Ésta fue sólo una parte de la imagen. Si lo hubieses visto todo, habría sido demasiado para ti. Este coro representa la gente del mundo cantando a cualquier dios que ellos adoren. En sus corazones no tenían amor por el único Dios, y se burlaban de Él con mera palabrería.

"En el púlpito viste un falso maestro y las amargas consecuencias de la hipocresía en la religión. La gente delante de él adoraba en el nombre de la cruz, pero sin una verdadera reverencia a Dios. Parecían estar adorando, pero sus corazones estaban lejos, tratando sólo de satisfacerse a sí mismos en sus devociones. Eligieron a un maestro que sólo quería recibir sus halagos y que trató de satisfacer sus caprichos.

"ELLOS COBRAN SUS PECADOS UNOS A OTROS."

"El espíritu que le recriminó era uno que confiaba en los falsos maestros y no se preocupaba por su propio bienestar espiritual. El conflicto que viste es típico de este tipo de personas. Le echan la culpa de sus pecados a los demás.[10] Este espíritu realmente reconocía que se había hecho justicia, que su condición fue causada por su violación de la ley de Dios. En el fondo, la gente está consciente de su culpa y saben que Dios es bueno. Aquellos que dejan su necedad y siguen la ley de Dios pueden comprender esto.

"Tú viste la agonía del falso maestro cuando le dijeron la verdad sobre su pasado. Él te mostró lo que ocurre con los que satisfacen sus malos deseos en la tierra. En última instancia, se encuentran aquí de nuevo con sus viejos conocidos, y se culpan unos a otros por sus pecados. Les dicen las verdades de Dios que deberían haber seguido.

"Su última caída y la mezcla de todos en una masa ilustra cómo el pecado atrae el pecado. Las personas con personalidades y deseos similares se sienten atraídos unos a otros. Mientras más de ellos se reúnen, más se fortalecen las fuerzas dominantes del pecado. Cada espíritu inflige dolor a los demás y recibe dolor a cambio.

"La espesa nube sobre ellos es la discordia espiritual que llena el área grande.

"Por último, Marietta, esta escena demuestra el versículo que dice: 'Si un ciego guía a otro ciego, ambos caerán en un hoyo'.[11] Eso es lo que sucedió aquí."

La voz hizo una pausa y luego continuó con solemnidad. "Marietta, has tenido bastante de estas cosas, pero no las olvides. Nunca olvides que 'la paga del pecado es la muerte'."[12]

Apoyo de la
Palabra de Dios

1. Comparar Romanos 1:25:

> Ya que cambiaron la verdad de Dios por la mentira, honrando y dando culto a las criaturas antes que al Creador, el cual es bendito por los siglos. Amén.

2. El apóstol Pablo escribió a Timoteo:

> También debes saber esto: que en los postreros días vendrán tiempos peligrosos. Porque habrá hombres amadores de sí mismos, avaros, vanagloriosos, soberbios, blasfemos, desobedientes a los padres, ingratos, impíos, sin afecto natural, implacables, calumniadores, intemperantes, crueles, aborrecedores de lo bueno, traidores, impetuosos, infatuados, amadores de los deleites más que de Dios, *que tendrán apariencia de piedad, pero negarán la eficacia de ella; a éstos evita.*
>
> —2 TIMOTEO 3:1-5, ÉNFASIS DEL AUTOR

3. Los Evangelios establecen:

> Y al siervo inútil echadle en las tinieblas de afuera; allí será el lloro y el crujir de dientes.
>
> —MATEO 25:30

> "donde el gusano de ellos no muere y el fuego nunca se apaga."
>
> —MARCOS 9:48

4. Comparar Santiago 5:19-20:

> Hermanos, si alguno de entre vosotros se ha extraviado de la verdad y alguno le hace volver, sepa que el que haga volver al pecador del error de su camino, salvará de muerte un alma y cubrirá multitud de pecados.

5. Comparar Mateo 23:27 de palabras similares en el que Jesús denunció los falsos líderes religiosos de su tiempo.

> ¡Ay de vosotros, escribas y fariseos, hipócritas! porque sois semejantes a sepulcros blanqueados, que por fuera, a la verdad, se muestran hermosos, mas por dentro están llenos de huesos de muertos y de toda inmundicia.

6. "Porque el que siembra para su carne, de la carne segará corrupción; mas el que siembra para el Espíritu, del Espíritu segará vida eterna" (Gálatas 6:8).

7. "Porque la paga del pecado es muerte, mas la dádiva de Dios es vida eterna en Cristo Jesús Señor nuestro" (Romanos 6:23).

8. "...*Dios... son verdad.*" Comparar Romanos 3:4: "De ninguna manera; antes bien sea Dios veraz y todo hombre mentiroso; como está escrito".

9. "Porque de tal manera amó Dios al mundo, que ha dado a su Hijo unigénito, para que todo aquel que en Él cree, no se pierda, mas tenga vida eterna" (Juan 3:16).

10. "...*la culpa de sus pecados a los demás.*" Comparación de Adán y Eva en el jardín (Génesis 3:12-13):

> Y el hombre respondió: La mujer que me diste por compañera me dio del árbol y yo comí. Entonces Jehová Dios dijo a la mujer: ¿Qué es lo que has hecho? Y dijo la mujer: La serpiente me engañó y comí.

11. "Dejadlos; son ciegos guías de ciegos; y si el ciego guiare al ciego, ambos caerán en el hoyo"(Mateo 15:14).

12. "Porque la paga del pecado es muerte, mas la dádiva de Dios es vida eterna en Cristo Jesús Señor nuestro" (Romanos 6:23).

DIEZ

Escape del infierno
y lecciones aprendidas

L**A VOZ CESÓ Y ESCUCHÉ A UN ÁNGEL DECIR:** "¡Marietta, ven aquí!". Inmediatamente fui envuelta en una nube de luz que luego se levantó con suavidad.

El cambio fue increíble. Sólo hace un momento yo veía con miedo cómo una muchedumbre enloquecida se volvía salvaje. Ahora estaba volando lejos de ella en un brillo glorioso.

Reflexioné sobre las cosas que había visto. En primer lugar, había aprendido que el pecado trae la muerte; en segundo lugar, que la felicidad no proviene de la desobediencia, sino de la fe simple, fe en Jesús como Redentor. Descubrí que el engaño es el fundamento de la oscuridad y la fuente de muchos problemas. Es un camuflaje para ocultar las consecuencias de la mentira y el mal. Además de esto, vi muy claramente que no hay engaño, no importa cuán hábilmente sea fabricado, que pueda ocultar la verdad en ese día final, cuando todo sea probado.[1] Luego, una nueva luz brilló sobre mí, y me volví para ver un ser increíblemente hermoso. Su vestido era brillante como el sol y su rostro resplandecía con bondad celestial. Se sentó con calma y tranquilidad en medio de un resplandor divino, y me habló.

"Puedes descansar aquí, Marietta. Ahora deja a un lado tus pensamientos sobre las cosas que acabas de ver, y no te perturbes por ellas. Dios ha preparado un hogar en el cielo para todo aquel que esté dispuesto. Cualquiera que tenga una necesidad y busque a Dios, encontrará que Él siempre está ahí para ayudar. La gente que acabas de ver ahora vive con las consecuencias de todo lo que hicieron cuando estaban en la Tierra.[2] Es inevitable. Es como una persona que tiene una gran caída. Se hará daño y debe soportar el dolor. Esta es la 'ley del ser'.

"Sin embargo, descansa un rato, Marietta. Puedo oír a los ángeles que vienen. Cantan himnos de alabanza para nuestro Redentor. Escucha las hermosas armonías. ¡Mira hacia arriba, Marietta!", me instó. "¡Mira! Estamos acercándonos a una ciudad de justicia. Ningún mal puede entrar aquí y ningún falso espíritu podrá jamás contaminar el templo santo en este lugar.[3] Escucha, un ángel guardián de los montes sagrados está hablando contigo."

Miré hacia arriba y una voz habló. "Marietta, ¿a dónde quieres ir ahora? Tú dejaste la tierra pecaminosa. ¿Por qué quieres ir a lugares que son malos? ¿Cómo puedes oscilar entre los mundos del bien y del mal?

"Y ¿POR QUÉ ESTÁS DISPUESTA A ESCENAS DONDE LAS MALAS PASIONES REINAN?"

"He estado observándote. Te vi en el Paraíso de la Paz y luego te vi caer en el lugar de los malvados. Te vi hundir bajo su carga y te escuché clamar por la ayuda de Dios."

La voz se acercó más. "¡Aprende de esto! Tu corazón tiene que estar fundamentado en la verdad y controlado por el amor santo. De lo contrario, serás vulnerable a las fuerzas del mal. No hay seguridad para alguien que no es nacido de Dios. Estás expuesta a las fuerzas que, en última instancia, pueden conducirte a las tinieblas de afuera.

"Si quieres seguir la verdad y entrar en el paraíso, tienes que negarte los 'placeres' del pecado. Deshazte de las cosas que paralizan tu deseo de seguir a Dios. Cambia tus caminos y haz el bien. Esta es la única manera en que puedes recibir un bien eterno."

"Marietta", la voz continuó, "estas cosas te fueron reveladas por una razón muy importante. Tú representas a las personas que no han tomado una decisión acerca de temas espirituales. Aprende esta lección y llévala contigo: un espíritu pervertido —como el que has visto— seguirá haciendo el mal cuando se deja a su suerte. Si no hay una restricción, entonces ese espíritu agravará el dolor y el sufrimiento de los otros espíritus a su alrededor".

La voz hizo una pausa y luego continuó. "Es lo mismo en el mundo. El aumento del pecado en el mundo depende simplemente de la cantidad de personas que persiguen el pecado. Una persona mala animará a otros y destruirá mucho bien. Pecado agregado a pecado aumentará su poder, hasta que finalmente las familias, tribus y naciones se arman para la guerra. ¡Si sólo los mortales conocieran el poder del mal!

"¡OH, QUE LOS MORTALES SEPAN EL PODER DE LA INFLUENCIA DEL MAL!"

"Marietta, tú muy bien podrías escribir la palabra *dolor* sobre toda la humanidad. Muchas personas multiplican el mal en sus vidas por su persistencia en pecar, y terminan en el mundo de los espíritus malignos, uniéndose a muchos otros como ellos."

La voz se aceleró. "Pero si a la gracia de Dios se le permite entrar en un corazón, cambia el carácter e incluso los deseos.[4] Cuando la vida divina entra en un alma, la mente se vuelve hacia Dios. Luego, debido a la ley de la atracción santa, permite que el alma pueda entrar en el paraíso.

"Marietta, esta ciudad es en la que viste las guarderías infantiles. Tú has visto los lugares de dolor y muerte; ahora puedes volver de nuevo.

"Estamos ahora por encima de la cúpula central de la guardería de los bebés y puedes ver el templo educativo. Las escuelas del paraíso de los bebés están todas aquí."

Mientras el espíritu terminaba de hablar, la gran cúpula debajo de nosotros se abrió de repente, revelando todo su esplendor y magnificencia. Vi la grandeza, la variedad y el orden del paraíso entero. En el centro estaba la cruz y alrededor de ella estaban los doce espíritus, cada uno con una cruz más pequeña y un arpa. Todos los recién nacidos tenían su mirada fija en los doce espíritus alrededor de la cruz. Todos estaban en silencio.

Apoyo de la
Palabra de Dios

1. El apóstol Pablo escribió:

> En el día en que Dios juzgará por Jesucristo los secretos de los hombres, conforme a mi evangelio.
>
> —ROMANOS 2:16

> Así que, no juzguéis nada antes de tiempo, hasta que venga el Señor, el cual aclarará también lo oculto de las tinieblas y manifestará las intenciones de los corazones; y entonces cada uno recibirá su alabanza de Dios.
>
> —1 CORINTIOS 4:5

Jesús dijo:

> Mas yo os digo que de toda palabra ociosa que hablen los hombres, de ella darán cuenta en el día del juicio.
>
> —MATEO 12:36

2. "No os engañéis; Dios no puede ser burlado: pues todo lo que el hombre sembrare, eso también segará. Porque el que siembra para su carne, de la carne segará corrupción; mas el que siembra para el Espíritu, del Espíritu segará vida eterna" (Gálatas 6:7-8).

3. "No entrará en ella ninguna cosa inmunda, o que hace abominación y mentira, sino solamente los que están inscritos en el libro de la vida del Cordero" (Apocalipsis 21:27).

4. "...*cambia el carácter e incluso los deseos*", escribió Pablo en 2 Corintios 5:17: "De modo que si alguno está en Cristo, nueva criatura es; las cosas viejas pasaron; he aquí todas son hechas nuevas".

ONCE

La música del cielo
y la separación

"ESCUCHA, MARIETTA", DIJO EL ÁNGEL. CON SU MANO derecha apretaba mi sien y desde el profundo silencio escuché cuando comenzó la música. Era como un aliento angelical, como la más santa vida interior del espíritu. Yo apenas podía oírla, aunque se movía suavemente sobre mí y a través de mí. Nunca me imaginé que dentro de mí hubiese elementos que pudieran despertar tal música sagrada. Mi naturaleza debía estar totalmente transformada para poder experimentar esa armonía. Me sentí totalmente unida a ella.

Según los sonidos continuaron, vino a mi mente la idea de forzarme a mí misma dentro de la música, en lugar de simplemente permitir que fluyera a través de mí. Mi fuerza de voluntad se tejía entre los sonidos, e inmediatamente estalló la discordia y me invadió la fuerza de mi naturaleza pecaminosa. Nota tras nota continuaba penetrándome, pero ya no se movía al unísono con los acordes musicales de mi ser interior. En mi esfuerzo por fundirme con la música, produje una terrible disonancia. Varias cadencias se separaron de esta manera y la música se tornó muy dura para mí. Supe que mi naturaleza no podría fundirse con ella.

La discordia dentro de mí se tornó angustiosamente dolorosa. Cada parte de mí se irritaba y rechinaba. Las olas de armonía que

81

se movían a lo largo de la cúpula se fueron a pique en un mar de sonidos turbulentos, cuando cayeron en mi degenerado corazón. Yo quería escapar. Cualquier otra cosa o cualquier otro lugar hubiera sido mucho mejor. Pensé que hasta el lugar infernal de adoración falsa se ajustaba mejor a mi naturaleza, pero no pude escapar.

Yo estaba completamente desorientada. Cada momento parecía una eternidad, y mi condición se hacía más y más terrible. Por último, grité con desesperación: "¡Déjame salir de este lugar!".

Traté de analizar lo que estaba sucediendo. Me encantó la música sacra cuando la escuché por primera vez. Sin embargo, cuando traté de unirme a ella, se creó una disonancia y mi naturaleza impía fue expuesta para que todos la vieran. Obviamente no estaba en condiciones de estar con los ángeles. Yo estaba perdida sin remedio, mi espíritu roto y caído. Ninguna parte de mí era compatible con ese lugar.

Grité con agonía: "¡Déjame salir! ¡Permíteme esconderme en la oscuridad para siempre! ¡Ángel, ocúltame! ¡Escóndeme de esta luz! ¡Se ha puesto de manifiesto mi pecado! ¡Esta armonía es un tormento! ¡Sálvame de ella! ¿Hay un infierno más profundo en alguna parte? Déjame ir allí, incluso si estoy perdida y los demonios se burlan de mí. ¡Por lo menos mi espíritu no despertará solo para ser aplastado porque no está apto para este lugar!".

POR LO TANTO, LES RUEGO QUE SE DÉ A CONOCER POR ALGÚN MÉTODO, DE LA LUZ, LA ARMONÍA Y LA FELICIDAD QUE LLENÓ HASTA LA MÁXIMA CAPACIDAD DE DISFRUTE, LA GRAN CONGREGACIÓN.

Supliqué ser liberada de la luz, la armonía y la paz que llenaban ese lugar. Me di cuenta que era completamente inepta para el paraíso. Tenía tantas ganas de estar allí, pero no había considerado qué cambios se necesitaban en mí, antes de que pudiera entrar. Es cierto que yo había visto la deformidad del espíritu infantil y yo vi, sorprendida, cómo fue restaurado por la gracia de Dios,[1] pero nunca había aplicado este conocimiento a mi propia situación. Aunque cuando fui succionada por la oscuridad, tenía los ojos al cielo, queriendo apasionadamente volver allí y ser salva. No sabía que podía sufrir tanta agonía por el amor y la armonía de los cielos. No tenía idea de que mi propia condición me haría sentir una miseria igual al infierno más profundo.

Todos estos pensamientos ahora se agolpaban en mi mente mientras pedía ayuda. Mi situación era evidente para mí. Estaba segura de que todo estaba perdido y yo estaba condenada a una pena amarga. Por fin, el ángel habló. "Marietta, no estás perdida. Sí, tu pecado ha sido expuesto y estás sufriendo debido a que tu espíritu ha descubierto su verdadero estado. Tal vez ahora entiendas cuán bueno es Dios en la prestación de la redención y la transformación mediante el Señor Jesús.

"La primera vez que estuviste aquí no tenías ni idea de tu posición real. Como un huésped, se te permitió recibir una cobertura de santidad que te protegió y permitió entrar. Sin embargo, en este lugar, el aliento de la santidad es tan perfecto que tu vida interior fue penetrada y tu pecado expuesto. Es por eso que estás sufriendo.

"Ahora puedes ver por qué Dios ha dispuesto que los espíritus de una naturaleza similar se mantengan unidos en un mismo lugar, con el bien y el mal separados. El sufrimiento experimentado por el malo no se incrementa, y la felicidad del bueno no disminuye. Por eso, el apóstol Juan dijo que ninguna cosa impura puede entrar en la Santa Ciudad.[2]

"Porque en este sagrado templo, ningún espíritu profano sin cuerpo puede entrar. Tampoco puede una ley de existencia recibir el alma no santificada en esa ciudad de vida interior..."

"Ningún alma impía podrá entrar en este templo sagrado o esta ciudad de vida interior. De la misma manera, los habitantes de este lugar feliz no podrían vivir en el lugar de la oscuridad con los espíritus que no han sido reconciliados con Dios."

El ángel se inclinó hacia delante con seriedad. "Marietta, ¿puedes ver la bondad de Dios en esta ley de la existencia? Sería injusto de un Creador justo si Él condenara a todos estos niños a las regiones oscuras. Su naturaleza pura y tierna se estremecería si fueran tocados, incluso por las pasiones inflamadas de sus habitantes. Ciertamente, Dios podría ser considerado injusto si tratara a los inocentes de esta manera.

"De la misma manera no tendría misericordia si enviara un espíritu maligno al lugar de la santidad. Cuanto más fuera la luz y el bien supremo de ese lugar, mayor sería su sufrimiento."

Ella se echó hacia atrás de nuevo. "Por lo tanto, puedes ver que Dios es sabio y bueno. Este es el cumplimiento del versículo de la Biblia que dice: 'El que es injusto, sea injusto todavía; y el que es inmundo, sea inmundo todavía; y el que es justo, practique la justicia todavía; y el que es santo, santifíquese todavía.'³ En otras palabras, debe haber una separación entre espíritus buenos y malos.

"Está escrito que hay una infranqueable sima⁴ fija entre los impíos y los justos porque los dos extremos no se pueden mezclar. El que es nacido de Dios nace del amor y el amor no tiene similitud con el odio. El que está bajo el dominio del mal no ama a Dios."[5]

"SI LOS MORTALES ENTENDIERAN ESTA LEY, SE ESFORZARÍAN EN CONTRA DEL MAL Y CULTIVARÍAN LA JUSTICIA EN SÍ MISMOS..."

Se detuvo por un momento y luego volvió a hablar: "Si los mortales se dieran cuenta de esto, harían la guerra contra el mal y vivirían vidas justas. Marietta, piensa en las cosas que has visto. Utiliza tu sentido común y pon tu vida en orden. De lo contrario, una cosa peor te sucederá, peor que darte cuenta que no eres apta para este lugar. Cuando regreses al mundo, pon tu confianza en Jesús. Él es el único que puede hacerte apta para regresar, de manera que puedas disfrutar de la felicidad aquí".

El reproche del ángel golpeó mi corazón como una flecha y empecé a llorar. "No llores, Marietta", continuó el ángel. "Un rescate ha sido provisto para salvar tu vida. Hay una 'fuente sanadora' que lavará tus impurezas.[6] Así que ¡anímate! La misericordia de Dios es inmensa y Él ofrece redención a todo el que quiera ser rescatado de su prisión y entrar en su reino. Por esto, los santos del cielo están siempre cantando himnos de acción de gracias a su Redentor. Día y noche, ¡nunca se detienen!"[7]

Al decir esto, el ángel tocó mi frente y una corriente de luz me llenó. Me puse de pie, fortalecida y renovada. "Ahora", dijo el ángel, "los niños acaban de ser introducidos en la cúpula central de enseñanza de los templos de aprendizaje. Escucha sus canciones".

Las voces infantiles se levantaron, llenando la extensión y la anchura de la atmósfera superior como suaves olas. Se habían formado en pequeños grupos que luego se unieron para convertirse en uno. Era un espectáculo hermoso. Cada bebé parecía brillar con santidad, mientras entonaban cánticos sagrados.

Un espíritu femenino se movía de un grupo a otro, vestido con pura ropa blanca y una deslumbrante corona con piedras preciosas sobre su cabeza. Ella sostenía un libro abierto en la mano izquierda y un cetro en la derecha. Escuchó atentamente a cada bebé, por lo que sabía cómo la voz de cada uno de ellos se relacionaba con el otro y también con todo el grupo. Además, era observada de cerca por los bebés, quienes trataban de seguir su ejemplo, al igual que los estudiantes siguen sus maestros en las escuelas de la tierra.

Había muchas partes en la música, pero armonizaban como uno solo. Mientras cantaban, sus dedos se movían sobre sus suaves arpas con gran confianza, y se fundieron como una persona, con el espíritu y la armonía del amor celestial.

Apoyo de la Palabra de Dios

1. Este incidente se puede encontrar en las tres secciones en el Apéndice B.

2. Ver Apocalipsis 21, especialmente el versículo 27: "No entrará en ella ninguna cosa inmunda, o que hace abominación y mentira, sino solamente los que están inscritos en el libro de la vida del Cordero".

3. "El que es injusto, sea injusto todavía; y el que es inmundo, sea inmundo todavía; y el que es justo, practique la justicia todavía; y el que es santo, santifíquese todavía" (Apocalipsis 22:11).

4. Esto se refiere a Lucas 16:26:

Además de todo esto, una gran sima está puesta entre nosotros y vosotros, de manera que los que quisieren pasar de aquí a vosotros, no pueden, ni de allá pasar acá.

5. "Todo aquel que es nacido de Dios, no practica el pecado, porque la simiente de Dios permanece en Él; y no puede pecar, porque es nacido de Dios. En esto se manifiestan los hijos de Dios y los hijos del diablo: todo aquel que no hace justicia y que no ama a su hermano, no es de Dios" (1 Juan 3:9-10).

6. Una referencia a Zacarías 13. Este pasaje predice la venida de Cristo, el Pastor, que vendría a morir, derramando su sangre para la limpieza del pecado.

7. *"Día y noche, ¡nunca se detienen!"*

"Después de esto miré y he aquí una gran multitud, la cual nadie podía contar, de todas naciones y tribus y pueblos y lenguas, que estaban delante del trono y en la presencia del Cordero, vestidos de ropas blancas y con palmas en las manos; y clamaban a gran voz, diciendo:

La salvación pertenece a nuestro Dios
que está sentado en el trono
y al Cordero.

Y todos los ángeles estaban en pie alrededor del trono y de los ancianos y de los cuatro seres vivientes; y se postraron sobre sus rostros delante del trono y adoraron a Dios, diciendo:

Amén.
La bendición y la gloria
y la sabiduría y la acción de gracias y la honra
y el poder y la fortaleza,
sean a nuestro Dios por los siglos de los siglos. Amén.

Entonces uno de los ancianos habló, diciéndome: Estos que están vestidos de ropas blancas, ¿quiénes son y de dónde han venido?

Yo le dije: Señor, tú lo sabes. Y Él me dijo: *Estos son los que han salido de la gran tribulación* y han lavado sus ropas y las han emblanquecido en la sangre del Cordero. Por esto,

"están delante del trono de Dios
y le sirven día y noche en su templo;
y el que está sentado sobre el trono extenderá su tabernáculo
sobre ellos".

—APOCALIPSIS 7:9-15 ÉNFASIS DEL AUTOR

DOCE

Instrucción infantil— el hombre perdido

*E*N ESTE PUNTO, UNA ESCENA TOTALMENTE DIFERENTE SE presentó a los niños como parte de su preparación para el adelanto. Para ayudarles a entender lo que sucedió después y la razón del porqué se mostraron estas escenas extraordinarias a los niños, tengo que explicar que parte de la instrucción en el mundo espiritual se ofrece por dramatización.[1] Escenas de la vida real se presentan a los niños para enseñarles acerca de los acontecimientos pasados o para ilustrar los principios importantes.

De esta manera, se les puede enseñar a los espíritus, aún cuando no tengan una sabiduría científica o artística, ni conocimiento de las leyes morales o espirituales, ni entendimiento del complejo universo. Las "dramatizaciones" son tan claras que los niños pueden fácilmente captar y absorber la información presentada.

Explicar por completo todo lo utilizado en este proceso, incluso esa escuela infantil tan básica, simplemente va más allá de mi capacidad. Si pudiera escribirlo, requeriría volúmenes de texto para contenerlo todo. Como resultado de ello, tengo que condensarlo en forma de resumen y ustedes deben estar satisfechos con eso.

La luz y la gloria que iluminaban la cúpula se atenuaron gradualmente hasta que sólo la mitad de la luz marcaba el contorno de la gran ciudad. Todo quedó en silencio y nada se movió. La quietud de ese momento sólo era interrumpida por una suave brisa que flotaba a través de la vasta llanura.

Tras una breve pausa, apareció un paisaje de la tierra iluminado por la luna. Debajo de un banco de nubes sombrías había una cueva subterránea, y en esta cueva había un hombre. Había sido gravemente herido, al parecer estaba muriendo, y se sacudía de un lado a otro tratando de obtener ayuda. Llamó la atención de todos los espíritus.

SUS ESFUERZOS ERAN IRREGULARES Y CONVULSIVOS, PERO DE NINGUNA MANERA SE ADAPTABAN A SUS NECESIDADES, Y SU INCAPACIDAD PARA SALVARSE A SÍ MISMO SE MANIFIESTA CLARAMENTE EN SU COMPORTAMIENTO.

Sus movimientos bruscos y su aspecto eran irregulares, convulsos y completamente inútiles. Él trató de curar sus heridas mediante la aplicación de lo que pensaba eran los medicamentos adecuados, pero todos fueron infructuosos. De hecho, sólo aumentaron su sufrimiento y probablemente añadieron dolor. La cueva donde yacía estaba rodeada por un abismo, y aunque hizo varios intentos de cruzarlo, fracasó cada vez. Finalmente, se rindió con total desesperación.

Mientras yacía débil e indefenso, un grupo de personas se

reunieron alrededor de él: una mujer, algunos adolescentes y niños, al parecer, su esposa y familia. Estaban de duelo por él y trataron de ayudarlo. Ellos trataron de vendar sus heridas, levantar su cabeza y revivir su fuerza, pero fue en vano.

Al mirar más de cerca, vi que estaba tendido justo al borde del abismo. No sólo eso, sino que una fuerza invisible e irresistible lo acercaba al abismo cada vez más. Era un momento de gran tensión. Su esposa se acercó y lo rodeó con sus brazos alrededor de su cuello, tratando de detenerlo. Los otros trataron de ayudar también, pero todo fue en vano. Él se acercó aún más al abismo. El efecto de su enfermedad había empeorado demasiado, hasta que finalmente, en el momento de su muerte, perdió el conocimiento. Para mi sorpresa, un hombre que se parecía a él se puso de pie a su lado. Me di cuenta inmediatamente de que era el espíritu del hombre, que acababa de salir de su cuerpo.

Como el espíritu se quedó allí, todavía parecía estar relacionado con el cuerpo postrado y dependiente de él. Aunque se parecía al hombre, se veía mucho más desfigurado y terrible. La enfermedad espiritual y moral había hecho su trabajo, y yo podía ver los resultados ante mis ojos.

Durante este tiempo, el cuerpo se había quedado inmóvil, pero el espíritu era muy capaz de moverse y expresar gráficamente todos sus sufrimientos. Miró hacia arriba, como si fuera a buscar la ayuda de arriba, pero una nube de oscuridad lo eclipsó. Luego miró a su alrededor frenéticamente, buscando un lugar de refugio o ayuda, pero todos sus esfuerzos fueron inútiles y se dio por vencido en su desesperación.

Luego su mirada se quedó ausente y cayó en el abismo, bostezando abajo. Él convulsionó otra vez, trató de escapar, pero todo fue en vano. La escena era horrible. Los agonizantes esfuerzos infructuosos, junto con las expresiones de la desesperación final, mostraron una completa miseria indescriptible para un humano.

…El hombre dio señales de haber regresado a la vida, pero sólo se recuperó para darse cuenta de nuevo, en el hombre exterior, de la miseria excesiva y para sentir más a fondo su estado de desamparo.

Entonces, de repente, el espíritu desapareció y el cuerpo presentaba señales de volver a la vida. El hombre se recuperó, pero sólo para experimentar gran miseria en su cuerpo otra vez y sentir su lamentable estado, incluso más que antes.

El pequeño grupo, sin embargo, alentado por los signos de vida, renovó sus esfuerzos para regresarlo, pero no tenían poder para calmar su dolor o restaurar la salud perdida de su cuerpo o espíritu.

Mientras luchaban de esta manera, una luz descendió. Bajo su brillo penetrante, se hizo obvio que todo el grupo familiar se encontraba en la misma condición espiritual del hombre, excepto que el efecto no era tan marcado. El destino final de todos, sin embargo, era igual de seguro. Poco a poco se dieron cuenta de su destino, y se pusieron a gritar pidiendo ayuda.

Una voz respondió de la nada; una voz que me era familiar. "En esta situación el hombre no puede ayudar al hombre", dijo. "¿Puede cambiar el etíope su piel o el leopardo cambiar sus manchas?[2] ¿Puede la debilidad de los que ya están muriendo restaurar la vida de otra víctima? La ayuda debe venir de arriba, de lo contrario no hay esperanza en absoluto".

· Según la escena se cerraba, un ángel le explicó a los niños que estaban viendo: "Esta región sombría que acaban de ver es la Tierra.

La gente allí lucha con muchas enfermedades —físicas, morales y espirituales—, pero no pueden salvarse a sí mismos.

"El espíritu que se levantó cuando su cuerpo se rindió representa la naturaleza inmortal. A pesar de que el cuerpo perece, esta naturaleza inmortal sigue existiendo y, de hecho, es aún más sensible en este estado. Cuando el espíritu cayó en la desesperación, les mostró que los efectos de la degradación moral o espiritual no se curan con la muerte.

"...LA MUERTE DEL CUERPO NO PUEDE, DE NINGUNA MANERA, ALIVIAR EL ALMA DE LA DEGRADACIÓN MORAL O ESPIRITUAL."

"El grupo familiar representa simpatía humana. La gente busca la ayuda de otros en su sufrimiento, y esto inspira a los más benévolos para ayudarles.

"Los que hacen esto son sensibles a los problemas de los demás. Ellos se solidarizan profundamente con ellos, no importa cuál sea la causa. Tratan de eliminar el mal del mundo y elevar a la humanidad a través de los esfuerzos humanos, pero tienen las mismas debilidades inherentes como las de quienes están tratando de ayudar. Por eso nunca se puede tener éxito, aunque el alivio superficial a veces inspira la esperanza durante un breve período de tiempo. A lo largo de los siglos, la humanidad ha luchado con este problema en un sinnúmero de medidas reformatorias. Con el tiempo, estos reformadores se han dado por vencidos a causa de la debilidad fundamental en ellos mismos.

"Siempre será así hasta que los hombres y mujeres finalmente se tornen al Señor. Él es la única fortaleza cuando uno está en problemas.

"La voz que declaró que el hombre no podía ayudar al hombre era la voz de la verdad. La verdad siempre trata de mostrar a los hombres y las mujeres su verdadera condición, y presentar la verdad de la salvación a través del Señor Jesús."[3]

El ángel entonces quitó su mirada de los niños y miró hacia el cielo más alto. Su voz era humilde, pero ferviente: "Padre de todo, que tu Espíritu inspire estas mentes jóvenes con el entendimiento; que se beneficien de lo que han visto sobre los efectos del pecado y de las maravillas de tu amor en tu camino de la salvación. Apóyalos con tu gracia, al ver las pruebas de su Redentor a manos de aquellos a quienes trató de salvar.

> "DÓTALOS CON GRACIA SOSTENEDORA,
> MIENTRAS ENFRENTAN LAS PRUEBAS
> DE SU REDENTOR, CAUSADAS POR SU
> MISIÓN Y SU PASIÓN, MIENTRAS SUFRE LA
> CRUELDAD DE LOS QUE TRATA DE SALVAR."

"Haz que estén bien preparados, para que puedan avanzar a los cielos de los jóvenes, donde se revela tu gloria en un amor y una bendición aún mayores.

"Tú has confiado en tus ángeles el cuidado de estos pequeños. Se deleitan en dirigirlos hacia algo mayor, de modo que tu gloria se pueda reflejar en ellos de una manera que te agrade. Hágase tu voluntad por estos ángeles, para que la comprensión espiritual de los niños aumente y el amor en ellos sea liberado. De esta manera, tu nombre será glorificado en ellos para siempre. Para nosotros, quienes ministraron tu gracia, tú eres todo y en todos."

Los ángeles guardianes y los instructores respondieron: "Por los siglos de los siglos, siempre, siempre, Amén". La atmósfera celestial se hizo eco hasta que el sonido finalmente se desvaneció en la distancia.

Apoyo de la
Palabra de Dios

1. Recuerde que esto fue escrito mucho antes de la llegada de las películas o la televisión. Marietta utiliza el siguiente párrafo para explicar un proceso que probablemente era análogo a lo que hoy vemos en una pantalla de 3-D o tal vez una puesta en escena.

2. Esta es una cita directa de Jeremías 13:23: "¿Mudará el etíope su piel y el leopardo sus manchas? Así también, ¿podréis vosotros hacer bien, estando habituados a hacer mal?".

3. De "...*la verdad*..." Jesús dijo: "y conoceréis la verdad y la verdad os hará libres" (Juan 8:32).

TRECE

La historia de Belén

HUBO UNA BREVE PAUSA, Y LUEGO UNA VOZ LEJANA DIJO: "Ahora aprenderás sobre los acontecimientos que tuvieron lugar cuando Dios vino a la tierra como un hombre para cambiar el destino de tu mundo".

La gloria de Dios iluminó el cielo, y un coro tocando liras doradas cantó en voz alta: "Gloria a Dios en las alturas y en la tierra paz y buena voluntad a los hombres. ¡Traigo buenas noticias! ¡Dará una gran alegría a todo el pueblo! Hoy en la ciudad de David, un Salvador ha nacido para ustedes. Él es Cristo el Señor."[1]

Bajo una luz pálida, la ciudad de Belén apareció a la vista. Este fue el lugar de nacimiento del Redentor. ¡Qué contraste enorme era en comparación a la casa de los recién nacidos en el paraíso! Estos niños viven en la gloria de la vida divina, dirigida por los ángeles, bendecida por el Redentor y recibida por coros celestiales. En un marcado contraste, veían ahora sobre el mundo, rodeando aquel maravilloso acontecimiento: el nacimiento de Jesús de Nazaret.

¡Jesús! La bondad indescriptible y el amor de Dios se revelaron a través de Él. Sin embargo, allí estaba, un bebé en los brazos de su humilde madre, María. Tanto los niños como los ángeles estaban profundamente conmovidos de presenciar la condición humilde de su nacimiento.

Después de una breve pausa, un ángel le dijo: "Este es el lugar de nacimiento del Redentor, cuya gloria ilumina este templo. Tomó esta forma humilde por ti y, al hacerlo, hizo posible que tengas una casa en el cielo, si confías en su gracia y eres obediente a la ley de la redención. ¡Adóralo porque Él es digno!".

"Le adoraremos por siempre", dijo el guardián principal, y se hizo eco de los niños: "Le adoraremos". Por otra parte, todo quedó en silencio.

La escena se centró en María. Ella estaba descansando sobre José, quien la abrazaba mientras acunaba suavemente al bebé en sus brazos. Había allí algunos israelitas, con los ojos fijos en el niño y su madre. Alrededor de ellos, había innumerables ángeles invisibles a los ojos humanos. Llevaban coronas en sus manos, pero sus arpas estaban a sus pies. Una nube de gloria reposaba sobre ellos, y una voz salía de ella, diciendo: "Este es mi Hijo amado".

ALREDEDOR DE ELLOS HABÍA UNA COMPAÑÍA DE MUCHOS MILLARES DE ÁNGELES, PERO INVISIBLE A LA VISIÓN MORTAL.

El ángel volvió a hablar: "Hoy se revela el amor de Dios para el hombre. El hombre ha caído a causa del pecado, pero ahora la salvación ha llegado. Verás la Justicia y la Misericordia entrar en escena[2] para debatir el destino de los hombres y las mujeres caídos. Justicia hablará en contra del pecado para que la justicia de Dios se mantenga. Por otra parte, Misericordia abogará por el pecador que sufre continuamente a causa del pecado".

"Postrémonos y adoremos al Dios de nuestra salvación", dijo el guardián principal. Cuando los niños respondieron, otra voz dijo: "Es bueno para ti que adores ante el nacimiento del Salvador. ¡Que todo el cielo adore de esta manera!".

Yo estaba reflexionando sobre la devoción de los fieles, cuando el guardián principal dijo: "Nos levantaremos ahora. Mira, la siguiente escena aparece". Levantó los ojos al cielo más alto, y continuó: "Sé nuestra ayuda, padre, para que podamos entender lo que el cielo está revelando para nuestra instrucción, para que podamos conocer tu amor y estar preparados para hacer tu voluntad para siempre".

Dirigidos por sus tutores, todos los niños respondieron: "Amén".

Apoyo de la Palabra de Dios

1. Los detalles de este párrafo se encuentran en Lucas 2:9-14:

Y he aquí, se les presentó un ángel del Señor y la gloria del Señor los rodeó de resplandor; y tuvieron gran temor. Pero el ángel les dijo: "No temáis; porque he aquí os doy nuevas de gran gozo, que será para todo el pueblo: que os ha nacido hoy, en la ciudad de David, un Salvador, que es Cristo, el Señor. Esto os servirá de señal: Hallaréis al niño envuelto en pañales, acostado en un pesebre." Y repentinamente apareció con el ángel una multitud de las huestes celestiales, que alababan a Dios y decían: "¡Gloria a Dios en las alturas y en la tierra paz, buena voluntad para con los hombres!".

2. "...*la Justicia y la Misericordia entrar en escena*..." La justicia y la misericordia son dos atributos importantes de Dios. Aquí en la

historia son personificados, es decir, aparecen ante nosotros como personas únicas.

CATORCE

El conflicto Justicia-Misericordia

NA NUBE DE LUZ SE POSÓ JUSTO ENCIMA DEL TEMPLO DE los infantes. De allí descendió un ser poderoso, omnipotente en fortaleza. Su frente majestuosa estaba inscrita con la palabra "Justicia" y la llevaba con autoridad suprema. Tan grande era su poder y su estatura, que parecía como si sólo necesitara hablar una sola palabra para que los mundos huyeran y las leyes cesaran para siempre.

Con determinación en cada paso, avanzó hacia un valle sombrío rodeado por enormes montañas, cuyas cimas altas se elevaban hasta la bóveda azul de arriba. Al acercarse a su meta, una nube negra bajó de las montañas. Un terrorífico rayo brilló a su alrededor, como si las fuentes eléctricas se vertieran desde un océano de fuego. Un fuerte trueno sacudió la base de las masivas colinas. Había fuego, humo y tormentas, como si los elementos parecieran volverse locos. La escena era terrible, más allá de toda descripción, pero la Justicia continuó avanzando y los relámpagos parecían enroscarse como una corona sobre su cabeza.

Entonces, la palabra "Destrucción" apareció escrita en letras de fuego en el relámpago, que se reflejaba en las nubes y hacía eco con el estruendo de los truenos. Grandes temblores sacudieron la tierra.

A la altura del drama, una voz gimió con desesperación por debajo de la nube, a los pies de la montaña.

"¡Sálvanos! ¿No hay esperanza?"

Un fuerte trueno rodó alrededor de las montañas.

"No hay esperanza."

Justicia continuó avanzando.

"No hay esperanza", repitió, mientras levantaba su mano poderosa.

"No hay esperanza, no hay esperanza", se hizo eco de las voces roncas de los rabiosos elementos.

"Nos estamos muriendo sin esperanza", exclamó la voz, ahora más débil. "Nos estamos muriendo. ¿No le importa a nadie?"

En un instante, vi de nuevo el lamentable grupo que había visto antes. La mujer que temblaba se inclinó sobre el hombre postrado, como protegiéndolo de la tormenta, pero cuando vio a Justicia levantar su mano fuerte, se cayó hacia atrás, gritando: "¡Estamos perdidos, no hay esperanza! ¡Vamos a morir en el abismo!".

Sin descanso, Justicia continuó su avance, como si fuera a cortar en trozos al hombre desesperado y a aplastarlo con un solo golpe. Las manos temblorosas del hombre se levantaron en oración y alrededor de él su familia había caído, indefensa y suplicante.

"HOMBRE, CONTINUAMENTE HAS VIOLADO LA LEY. ¿Y PIENSAS QUE PUEDES HACER ALGO ASÍ Y NO SUFRIR LAS CONSECUENCIAS?"

"Tú, hombre, continuamente has violado la ley. ¿Crees que puedes jugar con ella y no sufrir las consecuencias? ¿No entiendes que cuando te opones a la ley, la destrucción vendrá sobre ti? El tiempo ha llegado."

A medida que la voz de Justicia cesaba, una gran luz brilló sobre la escena y una nube deslumbrante descendió rápidamente. De la nube apareció otro ser. Su nombre era Misericordia y su actitud era exactamente la contraria de Justicia. Ella era la encarnación de la mansedumbre. Ella detuvo a Justicia, que seguía avanzando hacia el grupo caído, y le abrazó.

"¿Por qué debes ser implacable?", exigió. "¿Por qué debe morir este pecador? ¿No hay esperanza para él?"

En una voz que estremecía los cielos, Justicia respondió: "¡Ninguna esperanza puede venir de sus semejantes!" Incluso las estrellas temblaban, y la tierra tembló y se tambaleó mientras hablaba. "Ninguna esperanza existe en el mundo caído", repitió, mientras avanzaba y se preparaba para atacar.

A medida que el golpe estaba a punto de descender sobre el pecador, Misericordia volvió a hablar. Se inclinó de forma protectora sobre la forma que estaba sangrando, y colocó la mano izquierda sobre su corazón. Contuvo el brazo de Justicia, levantó su rostro y exclamó a Dios.

"Tu trono, oh Dios, permanece para siempre. Tu Palabra durará para siempre.[1] No hay fin a tus años. Tú, oh Dios, eres santo. El fundamento de tu trono es justicia. Es la gloria de los collados eternos, y la defensa y seguridad de los cielos de los cielos, donde incontables decenas de miles de los serafines glorificados están reunidos.

"He aquí, Oh Dios, está un hombre, caído en el pecado. Sabemos que él ha tomado tu gobierno a la ligera, violó tu derecho y desafió tu justa venganza. Ha jugado con tu voluntad y luchó contra la justicia eterna e inmutable. Se ha caído y está muriendo aquí. Sin embargo, oh Dios, tú lo has creado un ser inmortal y espiritual. También es un ser racional y, por lo tanto, es responsable. Debido al pecado, ahora se encuentra al borde del abismo sin fondo. Si se cae, sufrirá dolor y sufrimiento para siempre.

"EL PECADOR HA PRESUMIDO SOBRE TU GOBIERNO Y TOCÓ CON LAS MANOS IMPÍAS LA ESPADA DE FUEGO. SE HA ATREVIDO A OFRECER VENGANZA Y BROMEAR CON TU VOLUNTAD, Y SE ENFRENTÓ A LA JUSTICIA ETERNA E IRREVOCABLE."

"Mi nombre es Misericordia y la misericordia es un atributo de tu trono. La justicia y la misericordia ambas pertenecen a ti, ¡oh Dios! ¡Que tu amor descienda, oh Eterno!"

Se volvió a la Justicia. "Y tú, Justicia, ¡perdona este ser caído! ¡Excúsalo, a pesar de que ha pecado y vendió su bien eterno por una miseria!"

En este punto, Misericordia inclinó su cabeza, a la espera de la decisión.

Una voz desde la nube dijo: "Misericordia, tú has implorado por el pecador y el cielo te escuchará. Justicia, retrasa tu ejecución. Misericordia, ¿puedes encontrar un rescate para el pecador?".[2]

Uno de los ángeles que estaba viendo, gritó la respuesta: "Dios amó tanto al mundo que dio a su único hijo.[3] Él es el justo que pagará el rescate y llevará su pecado". Hubo una pausa y se acercó una mujer. Era María, la madre de Jesús. Ella se agachó con Misericordia al lado del moribundo y sostuvo el bebé hacia él mientras miraba con reverencia hacia la nube de arriba.

La voz continuó desde la nube: "Este es mi Hijo amado. Estoy muy complacido con Él. Como está escrito: 'No quebrará la caña cascada, ni apagará el pabilo que humeare,[4] hasta que haga triunfar la justicia. En su nombre, las naciones pondrán su esperanza'."

Luego Justicia respondió: "¿Tu hijo ha experimentado la tentación y la conquistó? ¿Acaso Él padeció fuera de la puerta de la ciudad, como está escrito sobre Él?[5] ¿Ha vencido a la muerte? ¿Puede Él detener la tormenta del pecado y la muerte? ¿Puede Él cambiar la naturaleza enferma del corazón? ¿Puede Él descender en el vórtice de la muerte y detener la poderosa corriente que fluye hacia el abismo?"

"¿PUEDE BAJAR A LA VORÁGINE DE LA MUERTE Y DETENER LA MAREA PESADA CUYA AMPLIA CORRIENTE EMPUJA DESDE ALLÍ AL ABISMO SIN FONDO?"

Misericordia se irguió y habló con una audacia que desmentía su carácter manso. "Aquí, Justicia, está tu respuesta."

La escena cambió al Monte de los Olivos en Jerusalén.[6] Allí vi a Jesús hecho hombre. Él levantó sus ojos hacia el cielo y dijo: "Aquí estoy —como está escrito de mí en el libro— he venido a hacer tu voluntad, oh Dios".[7]

Mientras hablaba, una gran multitud de seres deformes apareció delante de Él. Ellos estaban afectados por todo tipo de sufrimiento humano y depravación. Él les abordó con piedad, diciéndoles: "Si alguno tiene sed, venga a mí y beba... Yo soy el camino y la verdad y la vida; nadie viene al Padre, sino por mí".[8]

Otra voz habló entonces. "Este es Jesús. Él es el Hijo de David, la esperanza de Israel, la brillante Estrella de la Mañana y el Sol de Justicia.[9] Él es la verdad en toda su gloria redentora. Tú, que pereces, ¡confía en Él! Él ha venido a redimirte."

Una vez más vi la forma mutilada del moribundo. Él había escuchado las palabras, pero su mente estaba entorpecida y embotada. Apenas podía entender lo que decían, pero levantó la mirada para ver si la ayuda había llegado. Jesús, que había estado de pie en el Monte de los Olivos, bajó y se inclinó sobre él, diciendo: "¿Qué quieres?".

El hombre respondió: "¡Si tan sólo pudiera ser salvo!"

Jesús le respondió: "Por eso he venido a buscar y a salvar lo que estaba perdido".[10]

Luego Justicia dijo a Misericordia de nuevo, "¿Dónde está tu rescate?".

"El rescate es Jesús", respondió ella, "el Cordero de Dios que quita el pecado del mundo!"[11]

Jesús habló de nuevo, "Es por eso que vine al mundo".[12]

"Sí," dijo un ángel "y por las heridas que recibiste de los azotes, el pecador es curado".[13]

"¿Pero Él ha ganado el conflicto?" Justicia con tono implacable se volvió a Misericordia y dijo: "Tú has declarado la causa del pecador y has propuesto a este Jesús como rescate. Bueno, entiende lo siguiente: hasta que este 'Redentor' haya luchado y ganado contra el pecado y la muerte, Él no puede rescatar a este hombre caído. ¿Aún quieres la salvación del hombre?".

"Sí," respondió Misericordia. "Es por eso que estoy interviniendo."

Apoyo de la
Palabra de Dios

1. Esto es típico de las palabras de apertura de la oración: alabar a Dios por su grandeza antes de hacer una solicitud.

> Mas del Hijo dice: Tu trono, oh Dios, por el siglo del siglo;
> Cetro de equidad es el cetro de tu reino.
> —HEBREOS 1:8

¡Cuán grandes son sus señales
y cuán potentes sus maravillas!
Su reino, reino sempiterno
y su señorío de generación en generación.
—Daniel 4:3

...cuyo dominio es sempiterno y su reino por todas las edades.
—Daniel 4:34

y que el reino y el dominio y la majestad de los reinos debajo de todo el cielo, sea dado al pueblo de los santos del Altísimo, cuyo reino es reino eterno y todos los dominios le servirán y obedecerán.
—Daniel 7:27

Para siempre, oh Jehová, Permanece tu palabra en los cielos.
—Salmo 119:89

2. *"...un rescate para el pecador"* o alguien que va a pagar el precio necesario para rescatarlo.

3. "Porque de tal manera amó Dios al mundo, que ha dado a su Hijo unigénito, para que todo aquel que en Él cree, no se pierda, mas tenga vida eterna" (Juan 3:16).

4. *"...la caña cascada, ...el pabilo que humeare."* Esta profecía del Antiguo Testamento (Isaías 42:1-4) se refiere a la venida de Jesús el Mesías. Simplemente dice que el Mesías va a reparar vidas rotas; no las destruirá.

La caña cascada no quebrará
y el pabilo que humea no apagará,
hasta que saque a victoria el juicio.
Y en su nombre esperarán los gentiles.
—Mateo 12:20-21

5. El sufrimiento de Jesús "fuera de la puerta de la ciudad" significaba la eliminación del pecado de la ciudad.

Por lo cual también Jesús, para santificar al pueblo mediante su propia sangre, padeció fuera de la puerta.

—HEBREOS 13:12

6. "Cuando llegaban ya cerca de la bajada del monte de los Olivos, toda la multitud de los discípulos, gozándose, comenzó a alabar a Dios a grandes voces por todas las maravillas que habían visto" (Lucas 19:37).

7. "Entonces dije: He aquí que vengo, oh Dios, para hacer tu voluntad, como en el rollo del libro está escrito de mí" (Hebreos 10:7).

8. El Evangelio de Juan lee:

En el último y gran día de la fiesta, Jesús se puso en pie y alzó la voz, diciendo: "Si alguno tiene sed, venga a mí y beba".

—JUAN 7:37

Jesús le dijo: "Yo soy el camino y la verdad y la vida; nadie viene al Padre, sino por mí".

—JUAN 14:6

9. *"Este es Jesús. Él es el Hijo de David… la brillante Estrella de la Mañana y el Sol de justicia."* "Hijo de David", fue uno de los títulos del Antiguo Testamento para el Mesías venidero, es decir, un descendiente de David;

"Porque un niño nos es nacido,
    hijo nos es dado
    y el principado sobre su hombro;
y se llamará su nombre
    Admirable, Consejero, Dios Fuerte,
    Padre Eterno, Príncipe de Paz.

Lo dilatado de su imperio y la paz
    no tendrán límite,
sobre el trono de David

y sobre su reino,
disponiéndolo y confirmándolo
en juicio y en justicia
desde ahora y para siempre.
El celo de Jehová de los ejércitos
hará esto.

—ISAÍAS 9:6-7

Libro de la genealogía de Jesucristo, hijo de David, hijo de Abraham.

—MATEO 1:1

"Sol de justicia" es un nombre profético acerca del Mesías:

Mas a vosotros los que teméis mi nombre, nacerá el Sol de justicia y en sus alas traerá salvación; y saldréis y saltaréis como becerros de la manada.

—MALAQUÍAS 4:2

El apóstol Juan habla de Jesús como la "Estrella resplandeciente de la mañana":

Yo Jesús he enviado mi ángel para daros testimonio de estas cosas en las iglesias. Yo soy la raíz y el linaje de David, la estrella resplandeciente de la mañana.

—APOCALIPSIS 22:16

10. "Porque el Hijo del Hombre vino a buscar y a salvar lo que se había perdido" (Lucas 19:10).

11. "El siguiente día vio Juan a Jesús que venía a Él y dijo: 'He aquí el Cordero de Dios, que quita el pecado del mundo'" (Juan 1:29).

12. "El que practica el pecado es del diablo; porque el diablo peca desde el principio. Para esto apareció el Hijo de Dios, para deshacer las obras del diablo" (1 Juan 3:8).

13. "Quien llevó Él mismo nuestros pecados en su cuerpo sobre el madero, para que nosotros, estando muertos a los pecados, vivamos a la justicia; y por cuya herida fuisteis sanados" (1 Pedro 2:24).

QUINCE

La traición de Judas

*L*A ESCENA CAMBIÓ A OTRO LUGAR. ENTIENDAN, POR FAVOR, que se me ha hecho muy difícil describir los acontecimientos siguientes. Mis palabras son totalmente inadecuadas.

Vi a Jesús sentado con un grupo de sus amigos alrededor de una mesa. Uno de ellos se apoyaba fervorosamente sobre Él y le escuchaba. Sus ojos estaban fijos en Él y llenos de dolor porque dijo: "De cierto os digo, que uno de vosotros me va a entregar".[1]

Y tomando un poco de pan, lo bendijo y lo partió en pedazos. Se lo dio a ellos y les dijo: "Tomad y comed, éste es mi cuerpo. Va a ser partido por vosotros".[2]

Y tomando la copa de vino, dio gracias a Dios y se la pasó a ellos, diciendo: "Beban, porque esto representa la sangre de la nueva alianza entre Dios y la humanidad. Mi sangre será derramada por muchos para el perdón de los pecados. Y yo les digo, no volveré a beberla hasta el día en que la beba de nuevo con vosotros en el reino de mi Padre.[3]

El ambiente solemne se quebró por la voz atronadora de un ángel poderoso. "El Hijo del hombre va, como está escrito de Él, pero ¡ay de aquel hombre que lo traiciona! Habría sido mejor para Él si nunca hubiera nacido."[4]

Con "¡ay de aquel hombre!" vino una respuesta fuerte. "Pues no

111

habría sido bueno para Él haber nacido. ¡Ay, ay, ay de aquel hombre."
Muchos millones se hicieron eco de los gritos, y los elementos se sacudieron.

El pequeño grupo se levantó de la mesa, cantó un himno solemne y se fue. Cuando salieron, vi a uno de ellos escapar silenciosamente y desapercibido por los demás. Al irse, sus pasos se hicieron urgentes y su rostro revelaba una confusión interna que ardía con el fuego consumidor del odio. Me pregunté acerca de esto. No podía entender lo que causó un gran cambio en él con tanta rapidez. Sólo momentos antes, había estado sentado con sus amigos, todos ellos con duelo por lo que Jesús acababa de decir acerca de su traición y temerosos de que Él los dejaría.

Jesús era al que miraban en busca de consejo y de seguridad. Ellos habían dependido de Él y esperado en Él. Ahora Él les había dicho que se iba y cuando dijo que uno de ellos lo traicionaría, ellos sucumbieron ante la miseria. Les oí preguntar con profunda ansiedad: "Señor, ¿soy yo? Señor, ¿soy yo?".[5]

…Y UNA PERFECTA MISERIA LOS INVADIÓ CUANDO DECLARÓ QUE UNO DE ELLOS LE HABRÍA DE ENTREGAR.

Él había hablado largo y tendido sobre su próxima partida.

"Dentro de poco, ustedes no me verán más, pero más adelante me verán de nuevo.[6] Sé que esto les causa dolor. Pero yo os digo la verdad: es por su bien que yo me voy. A menos que me vaya, el Consolador, el Espíritu Santo de Dios, no sería capaz de llegar a ustedes, pero si me voy, os lo enviaré a ustedes.[7] Yo no les dejaré solos como huérfanos.[8]

"No se turbe vuestro corazón; creéis en Dios, creed también en mí. En la casa de mi Padre muchas moradas hay; si así no fuera yo os lo hubiera dicho; voy, pues, a preparar lugar para vosotros. Y si me fuere y os preparare lugar, vendré otra vez y os tomaré a mí mismo, para que donde yo estoy, vosotros también estéis.[9]

"En poco tiempo, el mundo no me verá más, pero vosotros me veréis de nuevo. Porque voy a vivir otra vez, ustedes también vivirán de nuevo.[10] Les digo la verdad. Ustedes van a llorar y sufrir mientras el mundo se ríe, pero su tristeza se convertirá en gozo.[11] Ahora es su momento de dolor, pero cuando los vea de nuevo, se regocijarán y nadie será capaz de quitarles el gozo.[12]

"Hasta ahora he estado hablando en imágenes y metáforas, pero llegará el tiempo cuando ya no utilice más este tipo de lenguaje. Les hablaré claramente de mi Padre".[13]

El pequeño grupo creyó estas palabras de aliento cuando predijo que se iría, pero todavía estaban devastados al pensar en su partida. Ellos lo amaban y Él se merecía ese amor. Sus palabras estaban llenas de bondad, y sus acciones mostraban un amor celestial y un cuidado paternal, que me llevaba a preguntarme qué podría inducir a que alguno de ellos lo traicionara.

...Mi pregunta estaba muy alterada, mientras buscaba una razón suficiente para inducir a cualquiera de esa pequeña compañía, a retirarse de ella y traicionar, a manos de sus enemigos, a un ser cuya presencia inspiraba esperanza, amor, reverencia y adoración.

Mientras reflexionaba sobre estas cosas, los ángeles comenzaron a instruir a los niños.

"Vean el contraste del bien y del mal. Esos hombres que compartieron la cena de Pascua con el Señor eran sus discípulos. El Señor sabía que su hora había llegado y Él sabía quién le iba a entregar, por lo que les preparó para el juicio y las cosas que vendrían después. El que se retiró en secreto fue Judas Iscariote, quien traicionó a su maestro por treinta monedas de plata.

"Niños, observen esta escena más de cerca a medida que continúa, y vean los dos grandes principios del bien y del mal que operan en el hombre en su estado caído. Ustedes los verán muy claramente según se desarrolla la historia."

Judas entonces apareció, entrando en la sala del consejo, donde los sumos sacerdotes y los ancianos de Israel estaban reunidos. Ellos estaban conspirando para capturar y matar a Jesús, y traerle desprecio y deshonor.

Judas era ahora una persona diferente. Su espíritu había cambiado dramáticamente desde la última cena. Tenía la cara contorsionada de rabia, y su corazón estaba lleno de malicia y traición.

Una luz pálida se encendió sobre su cabeza, revelando un grupo de espíritus demoníacos que le instaban. Ellos demostraban todas las facetas de la naturaleza maligna de su maestro Satanás, el gran enemigo, el destructor de la paz. Satanás es el instigador del crimen, el enemigo de todo lo que es bueno y correcto, atrayendo hacia él las almas de los hombres y mujeres. Por lo tanto, estos demonios derramaron sus tentaciones diabólicas e infernales, y llenaron a Judas de odio por el Hijo del hombre.

Los sacerdotes se levantaron cuando Judas entró en el salón del consejo.[14] Lo saludaron con sonrisas maliciosas y el sumo sacerdote se dirigió a él:

AL ENTRAR EN EL ESTADIO DE MÍMICAS,
LOS SACERDOTES SE LEVANTARON Y,
CON SONRISAS, SONRISAS TALES COMO
DE MALICIA, CON UNA ESPERANZA QUE
INSPIRA VENGANZA, LE SALUDARON.

"Bienvenido, Judas. Tú has demostrado ser amigo de todo lo que es correcto, un amigo del antiguo templo de Dios, de la ley de Moisés y del pueblo de Israel.

"Queremos hablar contigo acerca de este llamado rey de los judíos; este hombre Jesús. Creemos que has estado cerca de Él. Ha merecido la muerte por mucho tiempo, debido a sus enseñanzas no autorizadas. Él ha buscado la destrucción de esta amada ciudad de Jerusalén, una ciudad especialmente favorecida por Dios, e incluso profetizó la destrucción del gran templo."[15]

El sacerdote alzó la voz.

"Él dijo que pondría por debajo nuestra autoridad como líderes, cambiaría las leyes y costumbres, y establecería su reino sobre la ruina del reino de Jehová. ¡Ah! ¡Incluso se llamó a sí mismo Dios![16] Él es un blasfemo contra el alto cielo y se burla del trono del Eterno."

El sumo sacerdote se agitó aún más, y su voz se aceleró mientras caminaba de arriba hacia abajo.

"Él nos llamó hipócritas y ciegos guías de ciegos,[17] cuando es Dios mismo, por su propia mano derecha, quien nos ha nombrado como maestros en Israel. Este hombre reconoció que los sacerdotes tienen las llaves del reino, pero se atrevió a sugerir que nosotros le negamos la entrada a aquellos que quieren entrar[18] porque somos 'depravados' y 'amamos el poder'."

Su cara se puso roja.

"Él también dijo que no obtendremos la vida eterna porque amamos el pecado. ¡Ciertamente Él merece morir!"

Todos los que estaban presentes sacudieron sus puños y gritaron su acuerdo.

"Él atrae a los ingenuos e ignorantes y los que no están satisfechos con el templo", continuó el sacerdote. "Y por su peculiar habilidad para trabajar maravillas, ha sido capaz de engañar a muchos de los que son dignos de una vocación mejor. ¡Ah! Pronto descubrirán su verdadero carácter."

Miró de reojo a Judas. "Le irá bien al primero que lo exponga y que nos permita someterlo a la gente. La nación le dará a esta persona gran honor y tendrá sobre sí bendiciones duraderas."

"...Y BIEN DEBERÁ SER SOBRE AQUEL QUE PRIMERO NOS DESCUBRA EL VERDADERO CARÁCTER DE ESTE VIL MENTIROSO Y NOS PERMITA LLEVARLO ANTE EL PUEBLO".

Los sacerdotes asociados asintieron en acuerdo.

Esto fue suficiente para inspirar a Judas a ser esa persona. Presentó una propuesta para entregar a su maestro en manos de un grupo organizado por el sacerdote. Puso una sola condición, la cual parecía haber considerado previamente. Exigió treinta piezas de plata por su esfuerzo.[19]

Era de noche y vi a Jesús caminando lentamente, con tres de sus discípulos. Su rostro se llenó de tristeza. Se detuvieron y dijo: "Estoy abrumado por el dolor. Quedaos aquí y velad conmigo. Velad conmigo y orad también para que no entréis en tentación".[20]

Luego, yendo un poco adelante, se postró en el suelo. Mientras se inclinaba en la tierra fría en su más profunda agonía, oraba más intensamente y su sudor cayó al suelo como grandes gotas de sangre.[21]

El cielo se abrió sobre Él y miles de ángeles aparecieron. Ellos pusieron velos sobre sus rostros, mientras se inclinaban sobre el Jardín de Getsemaní. Todo era un silencio lúgubre, mientras observaban los sufrimientos de Cristo, el Señor, el Hombre Divino, a quien las Escrituras describen como "Admirable, Consejero, Dios Fuerte, Padre Eterno, Príncipe de Paz".[22]

Una nube descendió y se detuvo sobre el Salvador. En ella estaban Justicia y Misericordia, viendo la escena de abajo con gran interés.

Después de un tiempo, el Salvador oró: "Padre mío, si es posible, que esta copa se aleje de mí. Sin embargo, no como yo quiero, sino como tú".[23]

En esto, Misericordia dijo a Justicia: "Aquí está el rescate".

Jesús oró una vez más: "Padre mío, si es posible, que esta copa se aleje de mí. Pero no sea como yo quiero, sino lo que quieras." Y un ángel poderoso descendió y permaneció a su lado, fortaleciéndolo.[24]

Misericordia luego dijo a Justicia: "Mira, aquí está la ofrenda."

De pie, Jesús descubrió a sus discípulos durmiendo.[25] Habló con ellos: "Dormid ya y descansad." Luego se volvió: "Pero mirad, ¡ha llegado el momento! El Hijo del hombre ha sido entregado en manos de los pecadores."[26]

Mi guía entonces me habló. "Tú has visto a Jesús establecer el ejemplo supremo de humildad y sumisión. Él ha asumido la carga del problema humano a causa de su amor por la humanidad. Por el poder de este amor, ellos pueden levantarse de su degradación y tomar su hogar en el cielo, casas de justicia y paz.

"POR SU SIMPATÍA CON LA DESQUICIADA Y MORIBUNDA RAZA, ÉL AGONIZÓ BAJO EL PESO DE LA MISERIA HUMANA."

"Pero, Marietta, ahora verás algo diferente. La siguiente escena te mostrará qué tan real es la perversión de los corazones de los hombres y mujeres."

Una nube turbulenta apareció debajo de mí, oscura, pesada y llena de fuerzas en peleas y riñas. Voces discordantes se levantaban de ella y escuché a la multitud emocionada diciendo: "¿Dónde vamos a encontrarlo? Date prisa, Judas. ¡Tú eres el guía! Llévanos a su escondite.[27] El tiempo se está acercando y nuestros líderes quieren que llevemos al bandido ante ellos. Él morirá."

"Sí. ¡Él va a morir!" Clamó la multitud. Se apresuraron hacia Jesús y sus discípulos, pero de repente fueron envueltos en una nube que se cernía sobre su camino.

Con terror, me volví hacia mi guía y le pregunté: "¿Quiénes son estas personas? ¿Hacia dónde van? ¿Por qué están tan agitados y agresivos? ¿De quién están hablando?"

"Estos son los soldados de los sacerdotes judíos y los ancianos", respondió ella. "Ellos han sido enviados para vengarse de Jesús."

"Pero, ¿qué ha hecho para despertar ese sentimiento?", exclamé.

"Muchas cosas. Él predicó que el tiempo del favor de Dios está aquí y anunció su misión al mundo.[28] Él dio vista a los ciegos y audición a los sordos. Curó a los enfermos, resucitó muertos, consoló a los dolientes e instruyó a los ignorantes. Instó a aquellos que rechazan la misericordia de Dios a reconocer al Creador del cielo y la tierra como su soberano, justo legislador, Padre celestial y Redentor."

"¿Y es por eso que quieren matarlo?", le pregunté incrédula. "Seguramente Él debe haber peleado con ellos."

"¿No has leído en el Texto Sagrado lo que habló el profeta, cuando inspirado por el Espíritu Santo, en relación a uno que había de venir...?"

Ella respondió: "¿No habéis leído en la Biblia las palabras del profeta Isaías sobre Jesús? Él escribió: 'Aquí está mi siervo a quien he escogido, al que amo, en quien me complazco; pondré mi Espíritu sobre Él y Él proclamará la justicia a las naciones. Él no contenderá ni voceará'.[29] Él no entrará en conflicto con ellos. Jesús es Dios revelado en la carne, pero la gente está tratando de matarlo como si fuera un criminal sin valor".

A pesar de que el ángel habló, los soldados armados con espadas y palos, dirigidos por Judas Iscariote, se acercaron a Jesús y a sus discípulos. Por encima de Judas, vi un poderoso ángel de la oscuridad.[30] De éste salía una llama pálida, sulfurosa, que abarcaba a Judas y quemaba sus nervios como el fuego.

Con determinación, Judas avanzó y saludó a Jesús con un beso.[31]

Mas Jesús parecía estar plenamente consciente de su traición, y le dijo: "¿Por qué has venido, amigo?".

"Amigo, ¿a qué vienes?"

Luego, volviéndose hacia la multitud, dijo: "¿Soy líder de una rebelión para que ustedes hayan salido con espadas y palos a prenderme? Cada día me senté enseñando en el templo y no me arrestaron".[32] Hizo un gesto hacia sus discípulos. "Dejen ir a estos otros. Yo soy el que buscan.[33] Por esto he venido al mundo."

Uno de la multitud gritó: "¿Qué quieres decir con, 'por esto vine al mundo?'".

Jesús le respondió: "Yo he venido para que la salvación pueda ser otorgada al mundo y que todos, incluso aquellos que son hostiles y los que me atacan, puedan obtener el perdón y la vida eterna mediante la fe y el arrepentimiento. Voy a entregarme en sus manos, pero ustedes no podrán hacer daño a éstos mis discípulos."[34]

Uno en la multitud se burló de Él: "¡Tú eres nuestro prisionero! Te llevaremos ante el tribunal del pueblo y nadie será capaz de ayudarte. ¿Cómo puedes decir: 'Ningún daño vendrá sobre estos discípulos tuyos'?".

En este momento, los discípulos se volvieron y huyeron, dejándolo en manos de los soldados.[35] Luego llevaron a Jesús ante la sala del tribunal.

Uno de los discípulos les siguió a la distancia.[36]

Apoyo de la
Palabra de Dios

1. "Y mientras comían, dijo: De cierto os digo, que uno de vosotros me va a entregar" (Mateo 26:21).

2. " Y mientras comían, tomó Jesús el pan y lo bendijo y lo partió y dio a sus discípulos y dijo: Tomad, comed; esto es mi cuerpo'" (Mateo 26:26).

3. "Y tomando la copa y habiendo dado gracias, les dio, diciendo: Bebed de ella todos; porque esto es mi sangre del nuevo pacto, que por muchos es derramada para remisión de los pecados. Y os digo que desde ahora no beberé más de este fruto de la vid, hasta aquel día en que lo beba nuevo con vosotros en el reino de mi Padre" (Mateo 26:27-29).

4. "Hijo del Hombre va, según está escrito de Él, mas ¡ay de aquel hombre por quien el Hijo del Hombre es entregado! Bueno le fuera a ese hombre no haber nacido" (Mateo 26:24).

5. "Y entristecidos en gran manera, comenzó cada uno de ellos a decirle: ¿Soy yo, Señor?" (Mateo 26:22).

6. "Todavía un poco y no me veréis; y de nuevo un poco y me veréis; porque yo voy al Padre" (Juan 16:16).

7. Véase Juan 16:6-7. *Consejero* es un nombre dado al Espíritu Santo, que significa "ayudante", alguien que está junto a nosotros. La palabra tiene connotaciones jurídicas que describen a una persona que podría venir junto a otros que están en conflicto con la ley.

8. "No os dejaré huérfanos; vendré a vosotros" (Juan 14:18).

9. "No se turbe vuestro corazón; creéis en Dios, creed también en mí. En la casa de mi Padre muchas moradas hay; si así no fuera yo os lo hubiera dicho; voy, pues, a preparar lugar para vosotros. Y si me fuere y os preparare lugar, vendré otra vez y os tomaré a mí mismo, para que donde yo estoy, vosotros también estéis" (Juan 14:1-3).

10. "Todavía un poco y el mundo no me verá más; pero vosotros me veréis; porque yo vivo, vosotros también viviréis" (Juan 14:19).

11. "De cierto, de cierto os digo, que vosotros lloraréis y lamentaréis y el mundo se alegrará; pero aunque vosotros estéis tristes, vuestra tristeza se convertirá en gozo" (Juan 16:20).

12. "También vosotros ahora tenéis tristeza; pero os volveré a ver y se gozará vuestro corazón y nadie os quitará vuestro gozo" (Juan 16:22).

13. "...*Llegará el momento...*" después de que Jesús ha resucitado. (Véase Juan 16:25.)

14. En Mateo 26:14, Judas se reunió con los jefes de los sacerdotes del templo.

15. Ver Mateo 23:37-24:2. Jerusalén y el templo fueron completamente destruidos por los romanos unos cuarenta años más tarde en el año 70, como Jesús había predicho.

16. "*¡...se llamó a sí mismo, Dios!*" Esta fue una acusación constante de los judíos. (Ver Marcos 2:7, Juan 5:18, 10:30, 33.)

17. "Entonces habló Jesús a la gente y a sus discípulos, diciendo: En la cátedra de Moisés se sientan los escribas y los fariseos. Así que, todo lo que os digan que guardéis, guardadlo y hacedlo; mas no hagáis conforme a sus obras, porque dicen y no hacen" (Mateo 23:1-3).

18. "Mas ¡ay de vosotros, escribas y fariseos, hipócritas! porque cerráis el reino de los cielos delante de los hombres; pues ni entráis vosotros, ni dejáis entrar a los que están entrando" (Mateo 23:13).

19. Ver Mateo 26:14-16 y Zacarías 11:12-13.

20. Ver Mateo 26:38, 41.

21. Ver Lucas 22:44.

22. El profeta Isaías escribió:

Porque un niño nos es nacido,
    hijo nos es dado
    y el principado sobre su hombro;
y se llamará su nombre
    Admirable, Consejero, Dios Fuerte,
    Padre Eterno, Príncipe de Paz.

—Isaías 9:6

23. "Yendo un poco adelante, se postró sobre su rostro, orando y diciendo: Padre mío, si es posible, pase de mí esta copa; pero no sea como yo quiero, sino como tú" (Mateo 26:39).

24. "Y se le apareció un ángel del cielo para fortalecerle" (Lucas 22:43).

25. Lucas 22:45 dice que Jesús los encontró "durmiendo a causa de la tristeza".

26. Ver Mateo 26:45.

27. "Mientras Él aún hablaba, se presentó una turba; y el que se llamaba Judas, uno de los doce, iba al frente de ellos; y se acercó hasta Jesús para besarle" (Lucas 22:47).

28. "...*anunció su misión al mundo.*" Su misión está escrita en Lucas 4:18-19: "dar buenas nuevas a los pobres; sanar a los

quebrantados de corazón; pregonar libertad a los cautivos y vista a los ciegos; poner en libertad a los oprimidos; predicar el año agradable del Señor".

29. "...*no contenderá ni voceará.*" Esta cita es de Mateo 12:18-19. Jesús vino a la tierra como el manso Cordero de Dios, para sufrir y morir por nuestros pecados. Cuando regrese, será como el poderoso León de Judá (Apocalipsis 5:5) en el poder y el juicio.

30. Este "*poderoso ángel de la oscuridad*" era Satanás. (Véase Lucas 22:3.)

31. "Mientras Él aún hablaba, se presentó una turba; y el que se llamaba Judas, uno de los doce, iba al frente de ellos; y se acercó hasta Jesús para besarle. Entonces Jesús le dijo: 'Judas, ¿con un beso entregas al Hijo del Hombre?'" (Lucas 22:47-48).

32. "En aquella hora dijo Jesús a la gente: ¿Cómo contra un ladrón habéis salido con espadas y con palos para prenderme? Cada día me sentaba con vosotros enseñando en el templo y no me prendisteis" (Mateo 26:55).

33. Véase Juan 18:8.

34. "Respondió Jesús: 'Os he dicho que yo soy; pues si me buscáis a mí, dejad ir a éstos'; para que se cumpliese aquello que había dicho: 'De los que me diste, no perdí ninguno'" (Juan 18:8-9).

35. "Entonces todos los discípulos, dejándole, huyeron" (Mateo 26:56).

36. "Mas Pedro le seguía de lejos hasta el patio del sumo sacerdote; y entrando, se sentó con los alguaciles, para ver el fin" (Mateo 26:58).

DIECISÉIS

Jesús el Redentor debe sufrir

MIENTRAS ESTA TERRIBLE ESCENA TERMINABA, ME VOLVÍ para mirar a los espectadores angelicales y a los niños. Ahora parecían estar emocionalmente más afectados que en cualquier otro momento. Yo pregunté: "¿Cómo es posible que haya dolor en un lugar como el cielo? ¿Los ángeles lloran?".

Entonces una voz dijo: "Esa es una buena pregunta, Marietta. Los ángeles tienen corazón para sentir, y ¿quién en el cielo pudiera ser testigo de la traición del Salvador de los pecadores y no estar triste?"

Diez mil voces respondieron, todas gritando a la vez, mientras yo me esforzaba para escuchar por lo menos algunas de ellas.

"¡Sí! ¿Quién puede estar indiferente al ver esto?"

"Miren a la víctima inocente."

"¡Miren! Ellos tratan de golpearlo, mientras corren."

"Ellos están burlándose de Él."

"Ellos se están riendo de Él."

"¡Son tan crueles!"

"¡Despierta y mira! ¡La gente odia a Jesús! ¡Lo rechazan!"[1]

Al cesar las voces, escuché a otro decir: "Mira, los ángeles de los cielos vienen en camino."

Muy por encima de la multitud vi una gran compañía de ángeles. Ellos tenían palmas en sus manos y coronas en la cabeza. Al acercarse, una luz deslumbrante les precedía, llenando toda la zona. Tan brillante era su poder que incluso los ángeles de primer orden en la audiencia no podían mirarla directamente. Traté de esconderme, pues ésta revelaba todas mis imperfecciones, pero nada podía esconderse en esa luz sagrada. Quería correr, pero no podía. Pensé dentro de mí: "Si esto es sólo una muestra de cómo son los cielos, ¿qué esperanza tienen los hombres y mujeres pecadores de ir allí?" Sería como un fuego consumidor.

Estaba tan absorta en las implicaciones de este pensamiento, que poco a poco me di cuenta que uno de los seres angelicales estaba hablando.

"Ángeles, espíritus afines, habitantes de los cielos exaltados, inclínense ante su Señor porque Él es digno. Adórenle desde lo más profundo de su espíritu. ¡Vean! Todos los ángeles aman dar alabanzas a Él! ¡Él es digno de toda adoración! ¡Alabadle! ¡Alabado sea el Señor, el Redentor de la tierra! Mientras que estos hombres malvados se burlan de Él y pretenden ridiculizarlo como rey, movámonos con reverencia y adorémosle verdaderamente."

"MIENTRAS QUE LOS SERES CAÍDOS SE
REÚNEN BURLONAMENTE ALREDEDOR DE
ÉL E IMPÍAMENTE LE ACLAMAN REY, QUE
EL UNIVERSO ARMÓNICO SE MUEVA CON
REVERENCIA Y TODAS LAS INTELIGENCIAS
HUMILDEMENTE LE ADOREN."

Cada uno de ellos se inclinó en adoración silenciosa, cuando los hombres apresuraban a Jesús al pretorio.

Mientras los ángeles le declaraban ser Dios revelado en la carne, me preguntaba aún más por qué no hizo uso de su poder divino para detener a aquellos que estaban tratando de matarlo. Me pregunté también sobre las legiones de ángeles. Cualquiera de ellos podría destruir a su antojo a los que capturaron el Señor. ¿Por qué no hacen algo?

Leyendo mis pensamientos, el instructor dijo: "Él vino para buscar y salvar, no para destruir. Él está soportando la burla de estas malas personas, de modo que Él pueda convertirse en el rescate por los pecadores. De esta forma, Él es el cumplimiento de la profecía bíblica que dice: "No quebrará la caña cascada, ni apagará el pabilo que humeare[2], lo cual significa que no perjudicará a una persona indefensa y no apagará la vida del hombre. Su misión es una de redención, no de juicio y ejecución."

Entonces oí voces gritando que sonaban como el estruendo de muchas aguas. "¡Teme, oh tierra! Pues a pesar de que tus pecados te han traído una condena masiva, tu Redentor está ofreciendo su vida por ti. Entiende el peso poderoso de la carga que lleva."

Misericordia habló a Justicia: "Como está escrito: 'Porque de tal manera amó Dios al mundo, que ha dado a su Hijo unigénito, para que todo aquel que en Él cree, no se pierda, mas tenga vida eterna'.[3] Jesús es el rescate. Jesús ha traído la esperanza al mundo. El pecado ahora puede ser eliminado y la humanidad puede estar en paz una vez más con Dios."

"SÓLO EN ÉL ESTÁ ESA VIDA QUE
PUEDE ACELERARSE Y GUARDARSE,
Y POR ÉL USTEDES FUERON
ADMITIDOS EN ESTE PARAÍSO."

Entonces el ángel le dijo a los niños: "Este es su Redentor. Su vida es la única que puede salvar a la humanidad. Ustedes fueron traídos a este paraíso por causa de Él. Vean ahora de nuevo para que puedan saber realmente lo que el Redentor ha hecho por ustedes".

En un consenso, hablaron todos los que estaban viendo: "¿Cómo podemos alabar lo suficiente y agradecer a Dios por este regalo de vida a través de su Hijo?".

El anfitrión angelical agonizaba sobre su incapacidad para ayudar, mientras el sufrimiento de Jesús continuaba, y gritó: "¿No podríamos ayudarlo o compartir su sufrimiento? ¡Mira! Sus enemigos están todos alrededor de Él. Ellos no saben quién realmente es y le están haciendo daño. ¿Cómo podemos soportar esto? ¡Permítenos ayudarle!".

Los niños también dijeron: "¡Él es nuestro Redentor!".

Uno de los poderosos ángeles se pronunció: "Él es nuestro Señor. Su perfección hace el cielo armonioso. Todos los cielos proclaman su nombre. Sin embargo, Él se ve forzado por el Sanedrín, por los seres caídos, por los líderes de un lugar sin corazón donde Jehová es nombrado, pero no realmente adorado".

Luego, con una sola voz, ellos se levantaron: "Vamos a derrotar a esos burladores del Señor".

"¡No!"

Justicia estaba en una nube de brillo intenso. En su mano derecha, tenía los siete truenos; relámpagos y tormentas brotaban de ellos. Ellos abarcaban el mundo como una nube horrible, envolviendo a la raza humana, a grandes y pequeños, a vivos y muertos. Sacudieron los cimientos de la tierra e hicieron temblar de miedo a los hombres y a las mujeres. En su mano izquierda, tenía un pergamino que contiene la ley relativa a la humanidad.

Ante él estaba el hombre deforme presentado anteriormente, herido y moribundo. La sangre de sus heridas manchaba la tierra donde lo pusieron.

Una vez más, Justicia respondió a la multitud. "¡No! El alma que peca debe morir.[4] Cuando la ley se viola, las consecuencias no se pueden cambiar".

En esto, Misericordia avanzó y entró en la tormenta. Se inclinó sobre el herido como lo había hecho antes, luego se enderezó y se dirigió a Justicia. "¡Mira! El que era y es y el que ha de venir[5] ha bajado a la tierra. Al convertirse en un hombre, Él es capaz de identificarse con toda la humanidad. Esto le permitirá rescatarlos de su condición caída y reconciliarlos a la ley eterna.

"Aquí", repitió de nuevo Misericordia, "ves el rescate".

"Sí," dijo Justicia, "la ofrenda ha sido presentada, pero está escrito que Él debe hacer esto solo.[6] Ellos", se dirigió a las huestes angelicales, "quieren rescatarlo y evitar el resultado".

La respuesta de Misericordia asombró a los millones de espectadores. "Tienes razón. Es necesario que Cristo padezca solo en este camino."

Se volvió hacia los espectadores en silencio. "A medida que el conflicto se intensifica ahora, ustedes pueden ver, pero no deben intervenir. Ustedes verán cómo el pecado afecta la capacidad del hombre para saber lo que es correcto. Y verán al Hijo del Hombre luchar contra los poderes de la muerte."

La multitud gritó: "¡Por favor, no queremos ver esto! ¡No podemos soportarlo!".

Justicia levantó la voz: "¡No! ¿No deberían contemplar los cielos y maravillarse? ¿No debería el Hades acobardarse con las pisadas de Dios-Hombre al entrar en la puerta de la muerte para conquistarla, y traer la vida y la inmortalidad?".

En esto, todos los que estaban viendo se calmaron y se le sujetaron. "Oh, Dios, que se haga tu voluntad, en el cielo y la tierra, ahora y siempre. Amén."

"Que todo el cielo esté de acuerdo", dijo Justicia, "para que Dios sea todo y sobre todo, ahora, en el futuro y para siempre".

"¡Amén! ¡Aleluya! ¡Aleluya! ¡Amén!", resonó la multitud. "Hágase tu voluntad, cada vez más. ¡Amén!"

Apoyo de la
Palabra de Dios

1. "Despreciado y desechado entre los hombres..." (Isaías 53:3).

2. "No quebrará la caña cascada, ni apagará el pabilo que humeare; por medio de la verdad traerá justicia" (Isaías 42:3).

3. "Porque de tal manera amó Dios al mundo, que ha dado a su Hijo unigénito, para que todo aquel que en Él cree, no se pierda, mas tenga vida eterna" (Juan 3:16).

4. Ver Ezequiel 18:4.

5. Esta es una descripción de Jesús en Apocalipsis 1:8: "Yo soy el Alfa y la Omega, principio y fin, dice el Señor, el que es y que era y que ha de venir, el Todopoderoso".

6. "He pisado yo solo el lagar y de los pueblos nadie había conmigo" (Isaías 63:3). Esta es una profecía sobre la venida del Mesías.

DIECISIETE

Apolión

IENTRAS LAS VOCES SE DESVANECÍAN, SEGUÍA LA conspiración contra Jesús.

Un demonio gigantesco salió de una fosa humeante y se elevó por encima de la multitud. En su cabeza había muchos cuernos, de los cuales salían llamas espeluznantes. Una nube se formó de ellos y envolvió el área, creando un ambiente de seductor, pero diabólico odio.

En su frente estaba escrito: *¡Crucifíquenle, crucifíquenle! Él no merece vivir. Seduce a la gente.*

En su pecho estaban las palabras: *Apolión,*[1] *la expresión del mal contra el bien.*

En su corazón, en letras ardientes, leí las palabras:

> Jesús no ganará,
> La muerte le entregará a la tumba
> Donde los mortales duermen.
> Él se ha llamado el Hijo de Dios
> ¡Y se hizo igual a Dios!
> En la tumba sentirá las cadenas de la muerte
> De mi decreto irrevocable.
> Entonces acabaré con sus seguidores
> En las rocas del prejuicio humano.

El resto del tiempo sólo conocerán
La oscuridad, la opresión y la consternación.

"¡Escuchen esto!", dijo una voz sepulcral.

"¡Escuchen esto!", silbaron diez mil caras demoníacas con lenguas de serpientes.

La bóveda debajo se estremeció, como si algún poderoso gobernante de una región más baja hubiese tocado el fondo con su cetro en llamas. Luego, una llama saltó de la cisterna. La gente en la multitud no podía verla, pero ésta se levantó entre ellos y les rodeó. Entonces, a medida que cada persona se unía a la sublevación, la intensidad del fuego aumentaba, hasta que toda la multitud se volvió como una ardiente y destructora tormenta. Ésta barrió toda la asamblea a lo largo como títeres, para llevar consigo el régimen despiadado y demoníaco en contra de Jesús.

ESTO, COMO UN PRINCIPIO MAGNÉTICO,
IMPREGNÓ LA CONGREGACIÓN DE
LOS MORTALES, QUIENES FUERON
INSTRUMENTOS EN LO EXTERIOR,
INSPIRADOS PARA CONSUMAR EL DISEÑO
DESPIADADO Y DIABÓLICO SOBRE JESÚS,
EL QUE SUFRE MANSO Y HUMILDE.

"La batalla se intensifica", dijo un ángel.

Él estaba de pie sobre la tormenta, en una atmósfera de santidad celestial. "La muerte y el infierno están uniendo sus fuerzas. Los poderes del mal están cayendo sobre Dios-Hombre, mientras Él asume el peso de los pecados y las penas de la humanidad."

Otra voz interrumpió:

"¿Quién ganará este conflicto? Hay miles de los servidores del mal aquí reunidos y la gente alrededor de Jesús se está volviendo como los demonios que están conduciéndolos."

Ellos llevaron a Jesús al pretorio del Sanedrín. En su cabeza llevaba una corona trenzada de espinas. Sus sienes estaban perforadas y sangre corría por sus mejillas. Tenía las manos atadas, pero simplemente miró hacia arriba, y silenciosamente comenzó a mover los labios.

En esto, el anfitrión de la fosa cayó hacia atrás, como herido por una mano poderosa. Ellos gritaron: "¡Cuidado! ¡Está hablando con Dios! ¡Está mostrando piedad! ¡No es justo! Nosotros luchamos con odio y venganza y Él responde con amor y sumisión. ¡Este es el infierno más profundo! ¡Tenemos que salir!".

El gigantesco Apolión apareció de nuevo. Él extendió su mano, y de ella salió una masa oscura con una fuerza consumidora. Con una voz terrible, confrontó a sus demonios.

"¡Levántense! ¡Entren a combate ahora!"

Su rostro se contraía con furia, mientras les rugía.

"¿Cuál es el problema? ¿Y qué si Él ve a sus verdugos con amor? ¡Puedo convertir los corazones de amor en corazones de odio! ¡Puedo convertir oraciones en blasfemias! ¡Por mi propia mano voy a ganar una victoria inmortal para mí hoy!"

Con eso le pidió a un hombre caminar hacia Jesús y golpearlo con la palma de su mano.[2] Mientras lo hacía, oí un movimiento que parecía como si los cielos se hubiesen caído. Miré hacia arriba para ver todos los ángeles de rodillas, sus cabezas inclinadas y sus manos levantadas. El cielo estaba de luto.

Otro hombre se acercó a Jesús.

"¿Tú eres el Cristo? ¿Eres tú el Rey de los Judíos?", preguntó.

Jesús le respondió: "Tú lo has dicho."[3]

Al sonido de su voz, el poder de las tinieblas se retiró y todo quedó en silencio.

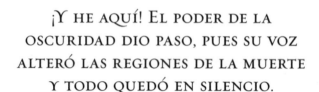

¡Y HE AQUÍ! EL PODER DE LA
OSCURIDAD DIO PASO, PUES SU VOZ
ALTERÓ LAS REGIONES DE LA MUERTE
Y TODO QUEDÓ EN SILENCIO.

Luego, un ángel habló a los hijos en su dolor. "Su Redentor ha sido golpeado por un agente del infierno y su frente ha sido atravesada por una corona de espinas. El mal siempre trata de derribar todo lo que es bueno. Estos seres malignos han venido de abajo para atormentar a los hombres y mujeres. Están llenos de lujuria, pero no pueden expresarla por sí mismos, por lo que tratan de expresarla a través de los hombres y mujeres.

"Satanás trata de destruir a Jesús porque Jesús planifica rescatar a las personas de estos espíritus malignos. Más que eso, la misión de Jesús como Redentor es romper el poder de Satanás por sí mismo y aplastar su reino entre los hombres. El maligno intenta destruirlo y quebrantar el reino de la paz que Jesús ha de establecer en la tierra.

"Por eso es que los dos principios, el bien y el mal, se enfrentan aquí. La muerte y el infierno han surgido de los reinos inferiores con incendios de orgullo y odio. Ellos saben que ha llegado el momento. Ellos han entrado en el conflicto, inspirados por Satanás, el engañador. El campo de batalla es el mundo porque es allí donde los hombres y las mujeres son susceptibles a las fuerzas del bien y del mal."

Justicia se ocupó luego de la explicación.

"No sólo eso, sino que los hombres y las mujeres son seres morales, racionales y responsables de sus actos, de manera que están condenados por el pecado en sus vidas. La justicia de Dios habla en contra de ellos. Para que la humanidad pueda vivir, la justicia debe ser satisfecha de alguna manera. La raza humana perecería, a menos que haya un mediador entre ellos y la ley quebrantada. Esta es la razón por la que un rescate tiene que ser ofrecido.

"EL HOMBRE DEBE MORIR, O POR MEDIO DE UNA PROVISIÓN SABIA TIENE QUE HABER UN MEDIO O MEDIADOR ENTRE ÉL Y LA LEY QUEBRANTADA."

"Misericordia ha afirmado que este rescate puede entrar en el gran vórtice de la degradación humana y ubicarse entre las fuerzas del bien y del mal para salvar al pecador. Esto sólo puede hacerse mediante la inversión de la influencia del pecado que conduce al hombre a la destrucción.

"Esto no es lo único que hay que hacer. Los malos espíritus son capaces de aplicar los poderes de la muerte y el infierno a los efectos mortales del pecado. Por eso es que la muerte y el infierno también deben ser dominados por el Conquistador y el pecado debe ser consolidado."

Justicia continuó.

"Misericordia ha intervenido por las vidas de los pecadores y ha presentado un rescate. Ella dice que Dios mismo ha dado ayuda a través de Él. Ella dice que Él es poderoso y muy capaz de salvar a los hombres y las mujeres de sus pecados, así que, ¡ten cuidado! El rescate está descendiendo el vórtice. Si Él puede, derrotará a la muerte, al infierno y a la tumba. Sin embargo, en el proceso no debe resistirse o gritar y, además, no debe quejarse."

Misericordia respondió: "Él está siendo llevado como cordero al matadero y así como una oveja delante de sus trasquiladores, enmudeció y no abrió su boca".[4]

"Además", dijo Justicia, "Él debe renunciar a su vida en expiación por el pecado, antes de que su descendencia pueda ser salva".[5]

La voz de Misericordia sonó de nuevo con convicción: "A pesar de que Él está descendiendo el vórtice de la muerte, Él vive y vivirá para siempre. La obra de la redención tendrá éxito en sus manos. Su reino será un reino eterno y no habrá fin a su gobierno.[6] A través de éste, la justicia de Dios se cumplirá, y la salvación y la justicia serán dadas a aquellos que creen".

"...A TRAVÉS DEL MEDIADOR, DIOS SERÁ JUSTO EN LA SALVACIÓN Y LA JUSTIFICACIÓN DE AQUEL QUE CREE."

"¡Así sea!", respondió Justicia.

"Aleluya, que así sea!", se hicieron eco de la respuesta los espíritus, los ángeles y serafines.

Jesús llamó a un hombre en la multitud. Él fue quien, a su detención, preguntó por qué había venido al mundo. "Por esto he venido al mundo", Jesús le dijo ahora, "para que el mundo sea salvo.[7] Dado que ninguno puede venir al Padre sino por mí,[8] ahora estoy yo sometiéndome a lo que me pase a mí mismo, como consecuencia de mi misión".

Con gran emoción, Misericordia levantó los ojos al cielo y dijo: "Oh Dios, qué grande es tu bondad. El Redentor ha entrado en el dominio de la muerte para rescatar a los pecadores. Entonces, acercándose a Justicia, extendió su mano y dijo:"¿Es suficiente esta ofrenda? ¿La aceptas?".

En esto, el moribundo apareció una vez más y Justicia se inclinó sobre su forma. Tomó la mano extendida de Misericordia y dijo: "Cuando la ofrenda haya completado su misión, el pecador se restaurará. Obtendrá esto a través del arrepentimiento para con Dios y la fe en el Señor Jesús".

Apoyo de la Palabra de Dios

1. *Apolión* es uno de los varios nombres de Satanás. Aparece en Apocalipsis 9:11 y significa "destructor".

2. "Entonces le escupieron en el rostro y le dieron de puñetazos y otros le abofeteaban" (Mateo 26:67).

3. "Entonces Pilato le preguntó, diciendo: ¿Eres tú el Rey de los judíos? Y respondiéndole Él, dijo: Tú lo dices" (Lucas 23:3).

4. Esto fue profetizado del Mesías en Isaías:

Angustiado Él y afligido,
no abrió su boca;
como cordero fue llevado al matadero;
y como oveja delante de sus trasquiladores,
enmudeció y no abrió su boca.

—Isaías 53:7

5. "Con todo eso, Jehová quiso quebrantarlo, sujetándole a padecimiento. Cuando haya puesto su vida en expiación por el pecado, verá linaje, vivirá por largos días y la voluntad de Jehová será en su mano prosperada" (Isaías 53:10).

6. "Y le fue dado dominio, gloria y reino, para que todos los pueblos, naciones y lenguas le sirvieran; su dominio es dominio eterno, que nunca pasará y su reino uno que no será destruido" (Daniel 7:14).

7. "Porque el Hijo del Hombre vino a buscar y a salvar lo que se había perdido" (Lucas 19:10). Véase también 1 Timoteo 1:15.

8. "Jesús le dijo: 'Yo soy el camino y la verdad y la vida; nadie viene al Padre, sino por mí'" (Juan 14:6).

DIECIOCHO

El sueño de la esposa de Pilato

*L*A ESCENA CAMBIÓ Y VI UNA COMPAÑÍA DE ÁNGELES QUE descendía desde lejos. Parecían estar en una misión urgente de misericordia. Procedieron a un palacio en la ciudad y se detuvieron sobre éste, antes de que uno de ellos entrara en un cuarto donde vi a una mujer de gran belleza. Ella había estado pensando en los acontecimientos que rodearon la detención de Jesús y estaba profundamente preocupada por ellos.

Ella no podía ver al ángel, pero éste comenzó a calmarla y a aquietar su nerviosismo, induciéndole un sueño suave y apacible. Me intrigó ver cómo rápidamente se calmó y apaciguó bajo la influencia del ángel. Ella descansaba mientras el ángel soplaba sobre ella.

Después de un rato, se despertó en el espíritu y soñó que había entrado en el paraíso. Se puso de pie junto a un río que fluye suavemente, con hermosas flores en cada orilla. Las aguas del río eran brillantes y claras, y reflejaban la belleza de los paisajes alrededor. Los pájaros cantaban suavemente en los árboles y volaban por encima de las llanuras cubiertas de flores.

Cautivada con deleite, levantó sus ojos y vio a un sinnúmero de compañías de ángeles. Ellos acababan de cantar un gran himno y la melodía llenó los cielos. Se quedó embelesada por algún tiempo, pero poco a poco se dio cuenta de que su canción y la melodía de las miles de aves, había terminado. Un silencio sepulcral se apoderó de todo el reino.

Ella miró a su alrededor para ver qué había causado esto y se dio cuenta de que la oscuridad ahora ocultaba el río. Las flores se habían cerrado. Los árboles estaban quietos. No se movía una hoja. Incluso la brisa había muerto por completo a la distancia.

Las huestes angélicas de arriba velaron sus rostros y una débil luz pálida tomó el lugar de la gloria luminosa que había brillado anteriormente.

Su corazón se debilitó, su cara estaba pálida, y sus ojos, sin brillo. Sus manos cayeron, sin vida, a ambos lados. Parecía que estaba muriendo, pero un ángel le tocó, diciendo: "¿Por qué estás preocupada? ¿No eres tú de la ciudad de Jerusalén, la tierra triste?".

"PEREGRINA, ME PREGUNTO ¿QUÉ HACES? ¿TÚ NO ERES DE LA CIUDAD DE JERUSALÉN, LA TIERRA DE SOMBRAS Y DE LA NOCHE?"

Sorprendida por la voz del ángel, se volvió para escapar, pero el ángel le dijo: "No tengas miedo. Ningún daño vendrá sobre ti en este lugar. Soy un mensajero. Yo vengo de la gran compañía de ángeles que viste por encima de ti para explicarte lo que acabas de ver.

"Tú has experimentado la gloria y la armonía del paraíso. Todos los que son puros y benditos viven así para siempre. Una interminable alabanza fluye de estos ríos, fuentes, flores y de todos los seres vivos, pero todo cambió de repente y tú deseas saber por qué. Escúchame.

"Todo el paraíso está sufriendo con nuestro Señor Jesús, quien está siendo acusado hoy ante un tribunal depravado y vengativo. Él es Dios en la carne, pero los judíos quieren crucificarlo. Sin embargo, es necesario que Él muera. Esto ha sido escrito de Él, mas ¡ay de los que le acusan!

"Tú tienes un interés vital en esto. Pilato, tu marido, sabe que Jesús es inocente, pero debido a las demandas de la multitud, ha sido presionado a permutar con la sangre inocente de Jesús. ¡Ve a él rápidamente! ¡Adviértele del peligro que corre en su oposición a Dios, el Señor! Dile lo que has visto. Dile que mientras Jesús se presenta ante este tribunal demoníaco, todos los árboles, plantas y flores en este lugar se inclinan con dolor, y que todo el cielo espera con un suspenso terrible. Dile que los ángeles han arrojado sus coronas, y dejaron caer sus liras y sus voces en silencio. ¡Ve! No esperes, o el tiempo perdido puede condenar a Pilato. Debes tratar de salvarlo de tomar cualquier parte en esto."

El ángel que la había calmado con el sueño dijo: "¡Despierta!". Sorprendida y asustada por su visión, se levantó inmediatamente y corrió a su marido.

"No tengas nada que ver con ese justo", ella dijo, "porque hoy he padecido muchas cosas en un sueño por causa de Él".[1]

Pilato ignoró sus súplicas y accedió a las demandas del pueblo, condenando a Jesús a la cruz. Él dio la orden para que Jesús fuera azotado y luego crucificado.[2]

Se pronunció la sentencia y se llevaron a Jesús.

Apoyo de la Palabra de Dios

1. Los acontecimientos de este capítulo se mencionan en un solo versículo de la Biblia, Mateo 27:19:

> Y estando Él sentado en el tribunal, su mujer le mandó decir: "No tengas nada que ver con ese justo; porque hoy he padecido mucho en sueños por causa de Él".

2. Mateo 27:20-26 dice:

Pero los principales sacerdotes y los ancianos persuadieron a la multitud que pidiese a Barrabás y que Jesús fuese muerto. Y respondiendo el gobernador, les dijo: ¿A cuál de los dos queréis que os suelte? Y ellos dijeron: A Barrabás. Pilato les dijo: ¿Qué, pues, haré de Jesús, llamado el Cristo? Todos le dijeron: ¡Sea crucificado! Y el gobernador les dijo: Pues ¿qué mal ha hecho? Pero ellos gritaban aún más, diciendo: ¡Sea crucificado! Viendo Pilato que nada adelantaba, sino que se hacía más alboroto, tomó agua y se lavó las manos delante del pueblo, diciendo: Inocente soy yo de la sangre de este justo; allá vosotros. Y respondiendo todo el pueblo, dijo: Su sangre sea sobre nosotros y sobre nuestros hijos. Entonces les soltó a Barrabás; y habiendo azotado a Jesús, le entregó para ser crucificado.

DIECINUEVE

El camino de la cruz

*E*L VELO QUE HABÍA ESCONDIDO BREVEMENTE DE NUESTRA vista a los espíritus demoníacos fue removido, y una vez más el demonio Apolión y sus huestes podían verse. Levantó sus manos y una masiva capa de llamas sulfurosas ardía de él como un estandarte. En ella estaban escritas las palabras:

Victoria a Apolión.
Hoy soy victorioso sobre estos hombres.
Han condenado a los inocentes.

Diez mil voces sepulcrales cantaron.

"¡Salve, príncipe de las tinieblas, salve! Tú eres victorioso. Los hombres y las mujeres sentirán el aguijón de la muerte. ¡Subamos a la victoria! ¡Subamos! Ahora vamos a levantarnos desde abajo para ser testigos de cómo Dios-Hombre se retuerce bajo el látigo del alacrán y agoniza en la cruz romana."

"¡Ajá, ajá!", proveniente de las guaridas de los demonios de abajo. El aire se rasgó con un fuerte aplauso, el cual creció y se unió al canto infernal de la multitud enloquecida.

Entonces, una voz gritó con angustia.

"¿No ha ido esto demasiado lejos? Justicia, ¿eres tú totalmente inflexible? ¿No está el rescate completo? ¿Tenemos que soportar esto por más tiempo? Él es inocente. ¿Él tiene que sufrir más? ¡Por favor, reponlo! ¡Mira, su espalda está desgarrada por los azotes y sus sienes están sangrando! ¡Todo su cuerpo está temblando! ¿El poder del mal tiene que ganar?"

Justicia respondió: "Él está llevando el sufrimiento de la raza caída y debe soportarlo hasta el tiempo señalado. Debes entender que su vida no está siendo tomada contra su voluntad. Él mismo está dándola.[1] Satanás y el mal triunfarán por un tiempo, pero Jesús entrará en la casa de este hombre fuerte[2] y la saqueará".

AÚN ASÍ, ELLOS COLOCARON SOBRE
SU ESPALDA DESTROZADA UNA CARGA
ENORME SOBRE LA QUE LO EJECUTARÍAN,
Y LO OBLIGARON A LLEVARLA A LO
LARGO, EN MEDIO DE LOS GRITOS Y
BURLAS Y BLASFEMIAS DE LA GENTE,
HACIA EL LUGAR DE LA CRUCIFIXIÓN.

Una vez más, Jesús se apareció ante nosotros. Su cuerpo estaba desfigurado, débil y pálido. A pesar de ello, colocaron una enorme cruz sobre su espalda destrozada y lo obligaron a caminar hacia el lugar de la ejecución, en medio de gritos, burlas y blasfemias de la gente.

Hasta ese momento, yo había estado en silencio, asombrada por lo que había visto. Sin embargo, al ver a Jesús tambalearse debajo de su carga mientras su cuerpo sangraba por los azotes crueles, sus sienes corneadas e hinchadas por la corona de espinas; y al escuchar los gritos de enojo, "¡sáquenlo, crucifíquenle, crucifíquenle!", no pude soportar más. Grité a mi guía: "¿Por qué Justicia no lo releva? ¡Que los culpables sufran! Ellos son los que violaron la ley. ¡Que vivan con los resultados! ¡No dejes que esto continúe! ¡Jesús no debería tener que cargar con la cruz! ¡Él solo trata de salvarlos!".

Nada cambió. Jesús todavía tropezaba lentamente a lo largo del camino, sin hablar, pero mirando a sus verdugos con amor y compasión. Él se movía más y más inseguro, hasta que por fin sus fuerzas se rindieron y se derrumbó, tendido debajo de su carga. Por primera vez, sus perseguidores y verdugos hicieron una pausa en su crueldad y mostraron cierta preocupación por Él. Tal vez su "preocupación" era porque sentían que no serían capaces de disfrutar su prolongado sufrimiento en la cruz.

El colapso de Jesús tuvo un profundo efecto sobre ángeles y niños por igual. Al instante, se levantaron para tratar de ayudarlo, pero una voz lejana los detuvo: "¡Alto! Está escrito de Él que pisará el lagar solo. Ustedes no lo pueden ayudar".

"Eso es correcto", añadió Justicia, "pero que todo el cielo y la tierra sepan que Él voluntariamente se somete a este sufrimiento por el bien de los pecadores. Es por sus heridas que somos sanados.[3] Ahora debe entrar por la puerta de la muerte, con el fin de rescatar a aquellos que han caído a causa de sus pecados".

Misericordia entonces apareció sobre la cruz. "¡Sí! Él se ha ofrecido por los pecadores. Justicia, aquí está la ofrenda que traigo."

Justicia respondió: "Tú has visto su sufrimiento, pero ¡entiende esto! Él sufre a manos de aquellos a quienes vino a salvar y no por cualquier ira vengativa del Padre. Por lo tanto, no puedes hablar en contra de la bondad del Señor Creador. Este sufrimiento ha sucedido por la misión de Jesús de rescatar el corazón del hombre. La naturaleza del pecado es oponerse y tratar de destruir el bien que Jesús está haciendo. El pecado es simplemente revelado como lo que realmente es".

Él continuó: "Si el pecado se dejara descontrolado, haría del cielo un lugar de violencia anárquica. Éste rompería el gobierno del Señor

Creador. Destruiría el trono de Dios y condenaría las cosas eternas al infierno. El pecado es lo opuesto al bien. Es una fuente de malas intenciones. Por eso, cuando Jesús vino a rescatar a los pecadores, la maldad en ellos los llevó a torturarlo y destruirlo.

> "...PORQUE ESTA ES LA NATURALEZA DEL
> PECADO Y POR LO TANTO, OPONERSE
> E INFLIGIR Y TRATAR DE DESTRUIR
> EL BIEN, O SU MANIFESTACIÓN..."

"Jesús quiere salvar las almas de los hombres. Los demonios quieren destruirlas. Jesús entró en el mundo como el Redentor del hombre. Apolión vino como un destructor. No puede haber unión entre estos dos principios y es por eso que Jesús está sufriendo. No es por decreto del cielo, sino por la bondad de Jesús y su plan para salvar al pecador. Esta es la razón por la cual Él está entrando en la arena de combate con la muerte y el infierno."

"Y ¿lo logrará?", preguntó un ángel que había estado escuchando a Justicia.

"Sí", respondió Misericordia. "Él es el León de la tribu de Judá, Él es la brillante estrella de la mañana.[4] ¡Él tendrá éxito!"

"¡Aleluya! ¡Él tendrá éxito!", gritaron los miles allí reunidos. "Su reino vendrá y su voluntad se cumplirá."[5]

"Así será", dijo Justicia.

El silencio reinó una vez más. Nada se movía. Nada interrumpió la atmósfera tensa, mientras Justicia y Misericordia se detuvieron. Parecía que todos los que presenciaron la escena, incluso los malvados de la tierra y los malos espíritus de abajo, habían sentido la inocencia de Jesús. Ninguna falla pudo ser hallada en Él en su vida, durante su traición, o cuando fue condenado a la cruz. Durante su vida, Él había sanado a los enfermos, resucitado a los muertos y echado fuera los malos espíritus, llevando la paz y la felicidad a los afligidos. Él consoló a los quebrantados de corazón, perdonó a los pecadores, reprendió a los moralmente depravados y limpió el templo de los cambistas. Cuando fue rechazado y perseguido, Él no abusó de sus oponentes, sino que reveló a todos una naturaleza que sólo podía ser divina.

...TODOS LOS QUE PRESENCIARON LA ESCENA, INCLUSO LOS MALVADOS EN LA TIERRA Y LOS DE LAS ESFERAS DE LA OSCURIDAD ENTRE LAS REGIONES DE LOS MUERTOS Y LOS DE MORADAS INFERIORES, DONDE REINA EL MAL, SINTIERON LA INOCENCIA DE JESÚS, EL QUE SUFRE.

Cuando la cruz se colocó sobre sus hombros sangrantes, Él la aceptó y llevó a lo largo del camino, en medio de jubilosos gritos y burlas amargas. Él sufrió la mayor humillación y el terrible dolor físico, y cuando cayó exhausto bajo la cruz, simplemente miró sus verdugos con compasión y piedad.

¿Cómo podrían los espectadores no simpatizar con Él? ¿Cómo no derramaron lágrimas? ¿Cómo podían abstenerse de adorar a uno tan digno?

Finalmente, los soldados mandaron a Jesús a levantarse y continuar hacia el Calvario. Obediente, luchó junto a la cruz, pero sus extremidades, temblando, fallaron, y Él se hundió de nuevo en su agonía, luchando convulsivamente para levantar de nuevo la cruz.

La sangre de su cuerpo herido manchó la tierra. La carne rota y colgando se estremecía a los repetidos golpes del látigo por la mano fuerte del torturador. Su "aspecto era tan desfigurado más allá de cualquier hombre, y su forma, estropeada."[6] Sangre y lágrimas ocultaban sus ojos de amor. Sus labios se movían deliberadamente, hablando palabras de amor y compasión: "Pecador, de buen grado sufro por ti. Sufro estas cosas por ti, para que puedas ser salvo".

"PECADOR, POR TI YO SUFRO LIBREMENTE, POR TI SUFRO ESTAS AFLICCIONES, SÍ, YO LAS SOPORTO PARA QUE PUEDAS SER SALVO."

Después de repetidos esfuerzos inútiles para obligar a Jesús a llevar la cruz solo, los soldados ordenaron a un hombre llamado Simón de Cirene, llevarla por Él.[7]

A medida que continuaban hacia el Calvario, un grupo de mujeres se acercó a los sacerdotes que habían dirigido la terrible acción en contra de Jesús. Se inclinaron delante de ellos, levantaron sus manos y con seriedad imploraron la liberación de Jesús. Su dolor era grande, su causa justa, y su petición humilde y urgente. Todo fue en vano.

"Él va a morir", dijeron los sacerdotes, y la multitud volvió a gritar, "¡Crucifíquenle! ¡Crucifíquenle! ¡Pruébenlo! Si realmente Él es el Hijo de Dios, ¡que se salve a sí mismo de la cruz![8] ¡Eso revelará su locura y blasfemia!".

Apoyo de la
Palabra de Dios

1. "...*Él mismo está dándola.*" Juan 10:17-18 dice: "...yo pongo mi vida... Nadie me la quita, sino que yo de mí mismo la pongo." Jesús escogió morir; sin eso nadie tendría el poder para matarlo.

2. Este *hombre fuerte* es Satanás. Ver Mateo 12:29.

3. Ver 1 Pedro 2:24:

4. "...*León* ...*Estrella de la Mañana*..." Estos son los títulos de Jesús que aparecen en Génesis 49:9; Apocalipsis 5:5; 22:16.

5. "...*su voluntad se cumplirá*..." Esto está tomado de la Oración del Señor (Mateo 6:10).

6. Esta profecía sobre el Mesías se encuentra en Isaías 52:14.

7. Véase Lucas 23:26. Cirene es una ciudad en Libia.

8. A otros salvó, a sí mismo no se puede salvar; si es el Rey de Israel, descienda ahora de la cruz y creeremos en Él" (Mateo 27:42).

VEINTE

Las treinta piezas de plata

*L*A ESCENA VOLVIÓ A CAMBIAR Y EL SANEDRÍN JUDÍO ESTABA ante nosotros. Como líderes religiosos del pueblo, no mostraron nada de la humildad y el servicio que uno esperaría de un alto cargo. Eran orgullosos y prepotentes, y ridiculizaban los asuntos solemnes del momento. Se deleitaban en su triunfo de "la verdad sobre el error" y del "sentido común sobre el fanatismo". Además, se felicitaban por las medidas rápidas y eficaces que adoptaron para acabar con Jesús, el "impostor".

Mientras celebraban, Judas corrió, gritando salvajemente: "¡He pecado! He traicionado sangre inocente."[1]

"¿Qué nos importa a nosotros?" Se burlaban de él. "Ese es tu problema."

Sorprendido, Judas exclamó: "Ustedes prometieron honor y amistad al que los llevara a Jesús. ¿No fue eso exactamente lo que hice y lo entregué a los soldados? Yo traicioné mi inocente maestro por ustedes. Lo que es más, fue por vosotros que sellé mi traición con un beso."[2]

Miró hacia abajo con remordimiento[3] y luego habló con más lentitud. "Cuando lo traicioné, Él sólo me miró con amor. No puedo olvidar esa mirada. Todavía puedo sentir su poder. He traicionado sangre inocente."

Él tiró la plata. "¡Pueden tenerla de vuelta! ¡Yo no la quiero! ¡Es el precio de mi Señor! ¡Esto me ha costado mi paz para siempre!"

Un sacerdote observó la plata esparcida en el suelo delante de ellos. "Sí, ese es el precio que hemos pagado por tus servicios, pero no la queremos de todos modos.[4] Es tuyo. No te necesitamos más. Lárgate antes de que sufras su suerte también. Parece que consideras a este criminal para ser rey. Lárgate o vamos a pedir a la guardia que te lleve hasta el Calvario también."

En este punto, un poderoso ángel se acercó a los niños y dijo: "¿Notaron cómo los hombres se comportaron aquí? Sus corazones son hostiles para Dios,[5] por lo que buscaron su propio bienestar, haciendo caso omiso de las necesidades de los demás. La historia de la Tierra nos dice lo mismo una y otra vez. Está evidenciado en las lágrimas de los siervos, los esclavos y los oprimidos. Ustedes lo encontrarán en los escritos de filósofos, poetas y sabios. ¡Todos dicen que el corazón del hombre está depravado![6]

"QUE LAS LÁGRIMAS Y LOS DOLORES DEL DEPENDIENTE, EL SIERVO Y EL ESCLAVO SE UNAN Y QUE SE RELACIONEN A LA TRISTE HISTORIA DE LA MISERIA HUMANA, CUYA FUENTE SE ENCUENTRA JUNTO A LA PERVERSIÓN DEL CORAZÓN DEL HOMBRE."

"¡Mira nuevamente a Judas! Él traicionó a su Señor. Cambió la justicia y la bondad por dinero. Él demostró que tenía los mismos deseos depravados y profanos como el resto de la humanidad, sólo que en un grado mayor. Él sacrificó su mayor bien, su mejor amigo, para obtener beneficios. Los hombres a menudo hacen eso. Ellos intercambian amistades y abandonan a sus hermanos. A pesar de que algunos de los filósofos de la tierra quisieran ocultarlo, muy a menudo un hombre traicionará a su amigo para obtener beneficios personales. ¿Quién no tiene unas paredes pintadas y cortinas costosas que no estén manchadas de sangre? ¿Quién no tiene lujos que no puedan ser rastreados hacia el sacrificio de amigos caídos e indefensos?"

Otro ángel se acercó y le dijo: "Simplifica estas verdades para que los niños las puedan entender claramente.

Inmediatamente, una serie de escenas de la tierra pasó delante de nosotros. Vimos hermanos traicionar hermanos para obtener un beneficio personal, padres traicionar a sus hijos, maridos traicionar a sus esposas y amigos intercambiándose unos a otros como simple mercancía. Una nación traicionaba a otra con piratería y guerra, devastando al pobre y desvalido. Como resultado, multitudes de seres humanos podían ser vistos sufriendo la peor degradación, viviendo y muriendo sin esperanza. Madres presionaban convulsivamente a sus moribundos hijos por última vez, contra sus pechos. Maridos miraban con desesperación a sus maltratadas mujeres y niños descorazonados. La pobreza, la opresión, el dolor, la angustia, la violación y el asesinato fueron todos revelados.

En medio de estas escenas, había unas pocas personas que trataron de ayudar a los oprimidos. Ellos trataron de quitarle el látigo al torturador, alimentar al hambriento, vestir al desnudo, consolar al quebrantado de corazón, cambiar la guerra por paz, cultivar la verdadera amistad, introducir la religión verdadera, iluminar al intolerante y evitar la persecución. Intentaron establecer la libertad universal y la paz, fundada en la justicia y la misericordia. Sus esfuerzos fueron limitados, pero no se dieron por vencidos.

Entonces una luz brilló desde arriba, revelando un ángel guardián sobre todos los involucrados en este trabajo de rescate. Nombrado por el cielo y lleno del Espíritu Santo, el ángel los alentó e inspiró en su trabajo. Mientras esto sucedía, otra luz llenó el corazón de cada socorrista que estaba sirviendo en el nombre de la cruz.

...UNA LUZ DESCENDIÓ DE ALGUNA FUENTE
INVISIBLE, LA CUAL INVADIÓ EL CORAZÓN
DE CADA MORTAL, QUIEN, EN NOMBRE DE
LA SANTA RELIGIÓN DE LA CRUZ, LUCHABA
POR LIDERAR LA CARRERA DESESPERADA.

"Esta luz es el Espíritu de Dios", explicó el ángel. "Él inspira a todos los que han nacido de Dios para que puedan trabajar continuamente en rescatar a la gente del pecado y su miseria, y llevarlos al cielo.

"Sin embargo, redimir al hombre requiere una bondad mucho más allá de la comprensión humana. Sólo Dios puede hacerlo, porque Él es amor y Él es todopoderoso."

Los ángeles presentes respondieron. "Sí, adoramos a Dios por revelar su amor al hombre. Le alabamos por dar ayuda a través de Jesús, quien es poderoso y muy capaz de salvar. Vamos a alabarlo por siempre. ¡Sí, para siempre! ¡Amén!"

En este punto, el principal guardián habló: "Es hora de que ustedes, niños, descansen. Relájense juntos por un tiempo".

Luego, dirigiéndose a una compañía de los espíritus a la derecha, el ángel dijo: "Traigan flores de los camposantos y dejen que su fragancia refresque los espíritus jóvenes. Espíritu de la santa calma, llénalos con tu paz eterna".

Fue una buena idea introducir esa actividad. Las mentes de los niños habían sido muy ejercitadas por los eventos catastróficos, y ellos necesitaban estar en silencio y absorber lo que habían visto.

Después que algún tiempo había pasado, una voz habló: "¿Quién podría dejar de alabar a Dios por su existencia, la inmortalidad y por el gozo del paraíso?".

Los niños respondieron, levantando sus manos.

"Vamos a adorar a nuestro Padre celestial. Siempre declararemos el nombre de nuestro Redentor con amor y reverencia. Con gozo seguiremos nuestro ángel guardián, y, cuando estemos listos, vamos a salir como siervos de la bondad, dondequiera que el Señor nuestro Redentor nos dirija."

Luego, cada tutor se reunió junto a su grupo y todos estaban listos para continuar.

Apoyo de la Palabra de Dios

1. "diciendo: Yo he pecado entregando sangre inocente. Mas ellos dijeron: ¿Qué nos importa a nosotros? ¡Allá tú!" (Mateo 27:4).

2. "Mientras Él aún hablaba, se presentó una turba; y el que se llamaba Judas, uno de los doce, iba al frente de ellos; y se acercó hasta Jesús para besarle. Entonces Jesús le dijo: Judas, ¿con un beso entregas al Hijo del Hombre?" (Lucas 22:47-48).

3. "Entonces Judas, el que le había entregado, viendo que era condenado, devolvió arrepentido las treinta piezas de plata a los principales sacerdotes y a los ancianos" (Mateo 27:3).

4. La traición de Judas y el remordimiento se describen en Mateo 27:3-10 y Hechos 1:16-19, y fue profetizado en Zacarías 11:12-13.

5. Ver Romanos 8:7.

6. Romanos 3:9-18 dice:

¿Qué, pues? ¿Somos nosotros mejores que ellos? En ninguna manera; pues ya hemos acusado a judíos y a gentiles, que todos están bajo pecado. Como está escrito: No hay justo, ni aun uno; No hay quien entienda, No hay quien busque a Dios. Todos se desviaron, a una se hicieron inútiles; No hay quien haga lo bueno, no hay ni siquiera uno. Sepulcro abierto es su garganta; Con su lengua engañan. Veneno de áspides hay debajo de sus labios; Su boca está llena de maldición y de amargura. Sus pies se apresuran para derramar sangre; Quebranto y desventura hay en sus caminos; Y no conocieron camino de paz. No hay temor de Dios delante de sus ojos.

Jeremías 17:9 dice: "Engañoso es el corazón más que todas las cosas y perverso; ¿quién lo conocerá?".

VEINTIUNO

El Calvario

*U*NA VOZ HABLÓ DESDE UNA NUBE SUPERIOR.
"Prepárense para presenciar la última lucha del Redentor al encontrarse con el destructor en la muerte. ¡Que el sol se oscurezca y las estrellas se oculten! ¡Que la naturaleza pause y el cielo haga silencio! Ustedes, serafines y querubines, bajen sus instrumentos musicales. Ustedes, flores, inclinen sus cabezas, árboles, cuelguen sus hojas. No se muevan, aguas; brisa, estad quieta. Ustedes, aves, no canten mientras el Redentor está sufriendo."

Poco a poco, la oscura montaña del Calvario apareció grabada en pálidas sombras. En el centro, había tres cruces en las que colgaban formas humanas. Una multitud silenciosa de personas se había reunido, y cerca de ella había un grupo de soldados que habían estado jugando. Pero ellos también estaban ahora inmóviles, preocupados por la extraña oscuridad.[1]

Tristes gritos de llanto se oían desde lejos. Parecían sofocar el espíritu mismo de la vida a su alrededor. Una mirada de tristeza y desesperación era visible en la cara de todo espíritu presente.

Finalmente, un susurro pasó de ángel a ángel, murmurando: "¡Escucha! ¡Hasta la naturaleza está sufriendo! ¿Puedes oír ese réquiem solemne?"

Entonces todo se paralizó nuevamente. Ningún sonido o movimiento perturbó la penumbra silenciosa.

Poco a poco, una luz pálida comenzó a brillar en el Calvario. Las tres cruces se distinguían más y más, hasta que las características de las tres víctimas podían verse claramente.

"¡Es Jesús! ¡Jesús está sufriendo! ¡Jesús está muriendo!"

Las palabras salieron disparadas de todo espíritu. Un estremecimiento repentino se apoderó de ellos e inclinaron sus rostros, aún repitiendo: "¡Jesús está sufriendo, Jesús se está muriendo!".

Mientras hablaban, un gran grito estalló de los labios de Jesús.

"Padre, perdónalos, porque no saben lo que hacen."[2]

Los espíritus estaban completamente asombrados. "¡Oh, qué amor, qué maravillosa bondad!", exclamaron. "¡Él está orando por aquellos que lo crucificaron! Oh, Supremo Padre, danos el mismo espíritu para siempre."

"ÉL ORA POR SUS VERDUGOS. DANOS, ¡OH, TÚ, SUPREMO, DANOS DE ESE ESPÍRITU PARA SIEMPRE."

Los soldados y los gobernantes gritaron sobre la voz de Jesús: "A otros salvó, que se salve a sí mismo si Él es el Cristo de Dios, el Elegido."[3] Esto hizo que los espíritus levantaran sus cabezas y miraran la escena con profundo dolor.

Junto a la cruz, algunos de los amigos de Jesús estaban de pie. Ellos habían estado llorando. La agonía se apoderó de ellos como la muerte apuñala un cadáver pálido. En uno de los grupos pequeños estaba María, la madre de Jesús. Parecía estar resignada a su suerte. Ella se había quedado cerca de Él en todo momento, sufriendo con

Él como sólo una madre puede hacerlo, pero incluso ella no lo pudo salvar.

Jesús volvió su mirada a su madre desconsolada y le dijo: "Mujer, ahí tienes a tu hijo." Luego, dirigiéndose a su discípulo Juan, dijo: "Aquí tienes a tu madre."[4] Incluso en las profundidades de su agonía, Él continuó mostrando su compasión. Juan se trasladó para estar al lado de María, quien se apoyó sobre él mientras miraba a su Hijo en su última prueba.

Entonces, uno de los criminales que fue crucificado con Jesús se volvió hacia Él, diciendo: "Si tú eres el Cristo, sálvate a ti mismo y a nosotros también."[5]

Jesús no contestó, sino que lo miró con lástima. El otro penal reprendió a su compañero, diciendo con voz ronca: "Estamos recibiendo un castigo justo, pero este hombre no ha hecho nada malo".

Luego se volvió y con tono sincero, dijo a Jesús: "Estas personas que te pusieron aquí se alegran porque piensan que te han derrotado, pero puedo sentir que hay algo en ti que es mucho mayor que cualquier otro hombre. Yo no lo entiendo, pero de alguna manera sé que la esencia de la vida existe en ti. Tú eres eterno". Hizo una pausa en su agonía. "¡Oh Señor! ¿Te acordarás de mí cuando vengas en tu reino?"

El Señor miró en él su propia angustia, y el amor de su espíritu eclipsó y llenó al hombre.

"Porque has pedido de tu corazón, tu oración ha sido respondida. En verdad os digo, hoy estarás conmigo en el paraíso."[6]

"EN LA MEDIDA EN QUE TU CORAZÓN
BUSCÓ AYUDA, TU ORACIÓN
HA SIDO CONTESTADA."

Esta respuesta fue vida dada a los muertos. A pesar de que estaba en la agonía de la muerte, el perdón y la libertad inundaron el corazón del penal, y lloró. Le habían dado un respiro, pero no de cualquier sentencia de muerte terrenal. Le habían dado el perdón de Dios, una liberación de los poderes del pecado y la muerte. Perdió sus temores. En sus últimos momentos, había obtenido todo el cielo a través de Jesús. Sus sufrimientos físicos parecían aliviar su cuerpo para descansar, mientras su alma brillaba en la oscuridad y se cernía sobre el hoyo de la muerte, listo para salir de la muerte a la vida, de la mortalidad a la eternidad.

La importancia de este incidente fue ignorada por los burladores alrededor de la cruz, pero los ángeles y los niños vieron cada detalle con admiración y gratitud de cómo Jesús reveló su divinidad en este perdón. La impresión fue tan profunda que, a partir de entonces, cuando los niños hablaban sobre la crucifixión, mencionaban el nombre del ladrón y su oración, junto con la respuesta del Redentor en la que todo el cielo se le dio al pecador moribundo.

Apoyo de la Palabra de Dios

1. "Cuando vino la hora sexta, hubo tinieblas sobre toda la tierra hasta la hora novena" (Marcos 15:33).

2. "Y Jesús decía: Padre, perdónalos, porque no saben lo que hacen. Y repartieron entre sí sus vestidos, echando suertes" (Lucas 23:34).

3. "Y el pueblo estaba mirando; y aún los gobernantes se burlaban de Él, diciendo: A otros salvó; sálvese a sí mismo, si éste es el Cristo, el escogido de Dios" (Lucas 23:35).

4. "Cuando vio Jesús a su madre y al discípulo a quien Él amaba, que estaba presente, dijo a su madre: Mujer, he ahí tu hijo. Después dijo al discípulo: He ahí tu madre. Y desde aquella hora el discípulo la recibió en su casa" (Juan 19:26-27).

5. "Y uno de los malhechores que estaban colgados le injuriaba, diciendo: Si tú eres el Cristo, sálvate a ti mismo y a nosotros" (Lucas 23:39).

6. Leemos en Lucas 23:40-43:

> Respondiendo el otro, le reprendió, diciendo: "¿Ni aun temes tú a Dios, estando en la misma condenación? Nosotros, a la verdad, justamente padecemos, porque recibimos lo que merecieron nuestros hechos; mas éste ningún mal hizo." Y dijo a Jesús: "Acuérdate de mí cuando vengas en tu reino." Entonces Jesús le dijo: "De cierto te digo que hoy estarás conmigo en el paraíso."

VEINTIDÓS

La derrota de la muerte

*U*NA OSCURIDAD MÁS PROFUNDA COMENZÓ A CUBRIR la escena. Ni el sol, ni la luna ni las estrellas estaban visibles. La noche tendió su velo sobre la tierra.

Después de mucho tiempo, Jesús dijo: "Tengo sed."[1] Alguien llenó una esponja con vinagre, la puso en un palo y tocó sus labios resecos. Esta imagen era demasiado para los niños, por lo tanto sus tutores los tomaron en sus brazos para sostenerlos.

Un ser de terror fantasmal se acercó a Jesús. A su alrededor, girando como satélites, estaban multitudes de criaturas menores con la misma apariencia. Una bandera por encima de éste proclamaba: "Triunfarás, tú eres el rey".

Avanzó arrogante, seguro de la victoria en este conflicto final poderoso, un conflicto que conformaría los intereses de los siglos venideros.

Habló con una voz ronca, sepulcral, una voz de terror, y se dirigió a Jesús, quien seguía colgado en la cruz. "Me levanté para saludarte en este tu día de locura. Estás encadenado. Eres la víctima. Los ángeles, los santos y los hombres han proclamado tu triunfo sobre la muerte, pero déjame decirte que ¡mi nombre es la muerte![2] Has establecido revertir la ley por la cual yo existo; la ley alimenta las tumbas hambrientas. Esa ley ha funcionado siempre con fuerza y nadie puede impedirla. Este día va a lidiar contigo y tú también morirás. Mira, yo estoy a punto de romperte en pedazos."

Entonces, extendiendo su mano, cogió el cuerpo de Jesús, que temblaba mientras los dedos fríos se cerraban alrededor de Él.

Jesús exclamó: "*¿Eloi, Eoli, lama sabachthani?* (Dios mío, Dios mío, ¿por qué me has abandonado?)".[3]

En su grito, la voz de Justicia sonó rotundamente desde arriba, "¡Él debe pisar el lagar solo!".[4]

"¡Él está haciendo esto por sí solo!" Esta era la voz de Misericordia. "Él está solo y está sufriendo por todo esto. Él está muriendo por el mundo, ¡el justo por los injustos!"

"ENTONCES," GRITÓ LA MUERTE, "HE CONSEGUIDO LA VICTORIA. ÉL, QUE ESTABA EN EL PRINCIPIO CON DIOS, ENTRÓ A LOS ELEMENTOS DESTRUCTIVOS DONDE LA LEY VIOLADA QUEBRANTA EN PEDAZOS AL INFRACTOR."

La muerte le gritó: "Entonces, ¡he ganado la victoria! ¡Jesús! ¡Él, quien estaba con Dios en el principio, ha entrado en el lugar de la muerte! Él fue a rescatar, ¡pero falló!

"¡Que el Hades se levante y vea mi triunfo! Ustedes, huestes angélicas, ¡miren a Jesús luchando en mi mano derecha! Ustedes habían cantado en todo el cielo que Él vencería la muerte. Ahora mírenlo mientras lo sostengo con mis fuerzas. Con una sola mano agarro a este Dios-hombre[5] y salto con Él entre las tumbas. ¡Ajá! ¿Ustedes cantan su victoria? ¡En su lugar, canten su derrota! ¡Tengo al conquistador!

Retrocedan, cielos, antes de que suba y agite el trono eterno, y haga de los mundos celestiales un cementerio para los muertos".

Con una atrevida mirada exultante, hizo frente al rostro del Salvador. "¡Qué inútil fue para ti intentar esto! ¿No he matado a innumerables decenas de miles? ¿Crees que puedes escapar? No, Jesús, Dios-Hombre, te sacrifico, mi último enemigo."

Luego de esto, vi nuevamente al triunfante Apolión. Él dirigía las huestes de espíritus malignos, quienes agitaban banderas negras. Estampados en las banderas había dos figuras: Apolión, la encarnación del mal, y la Muerte, el destructor despiadado. Ellos fueron captados abrazándose por encima de la imagen de la cruz y el sacrificio sagrado.

Hubo gritos, blasfemias y risas demoníacas. El sonido del mal se movía de un lado a otro como olas de gruesas aguas negras, y su diabólica alegría explotaba como un mar comprimido de furia. Mientras la muerte estaba allí jactándose, los espíritus del mal se acordaron en torno a Él, gritando en señal de triunfo, "¡Ah-ha! ¡Ah-ha!".

Los niños, viendo esto, preguntaron a sus tutores: "¿Van a ganar? ¿Jesús va a morir?".

Un ángel le respondió: "Si Jesús muere, el cielo se termina. Él sostiene el universo en su mano derecha".

Desde la distancia, Apolión interrumpió: "¡En esta hora decisiva Él ha fallado! Pónganse a cantar su canto fúnebre, todos ustedes. Miren. ¡Jesús, el Hijo de Dios!", se jactaron. "Ahora, por fin, ha sido sometido. ¡La muerte es victoriosa!"

"¡Acuñen su canción de muerte, ustedes millones de congregados! ¡Porque he aquí! Jesús el presumido Hijo de Dios al fin ha sido sometido. ¡La muerte prevalecerá!"

Mas Jesús, con todos los ojos fijos en Él, contestó: "Nadie puede quitarme la vida. He elegido darla por mi propia y libre voluntad. Tú, muerte, has utilizado a los hombres como tus agentes de masacre y ejecución, pero ellos no tienen poder sobre mí, excepto el que el Padre les ha permitido.[6] ¡Cuidado! Estoy a punto de estallar por los portales de la muerte para atarte, destructor, y rescatar a mi pueblo de tu poder. No es venganza lo que busco. Yo vengo para abrir la tumba y liberar a los cautivos".

Mientras se sacudía para liberarse de las garras de la muerte, Él se levantó para enfrentar cara a cara a su antiguo enemigo.

"He bajado del cielo como un hombre. Debido a esto, he tenido acceso a tu dominio.[7] ¡Ahora puedo destruir tu poder! ¡Estás vencido! La ley de la vida te atará y pondrá límites a tu dominio. Y yo te digo: ese día llegará cuando la muerte y el infierno serán arrojados al pozo sin fondo,[8] y nunca más afligirán a mi pueblo."

Habiendo dicho esto, se apoderó de la muerte y la ató con una cadena de luz.

Luego, mirando a Justicia, quien había visto todo esto desde la nube, dijo: "¡Mira! ¡El Espíritu de la vida ha vencido a la muerte!".

Se tornó a la tempestad rugiente de naturaleza dañina, la cual se disolvía en tormentas más pequeñas a su alrededor, y dijo: "¡Ustedes, fuerzas violentas de la muerte! ¡Alto! ¡Libera tu agarre, príncipe del terror! He venido a rescatar al mundo caído antes de que se hunda en el abismo sin fondo".

Mientras se ponía en pie en la poderosa catarata de una naturaleza que se colapsaba, levantó su mano derecha para agarrar el mundo, que se había acercado al abismo. El mundo se cernía al borde con sus millones de habitantes perdidos, listos para sumergirse en las olas crecientes que llevaban locamente hacia el abismo de la muerte.

Él se mantuvo firme contra todas las fuerzas violentas, gritando a la tempestad: "¡Detente, tú gran tormenta! ¡Alto! En el pasado tú has tenido un poder invencible de llevar el miedo al mundo, pero ahora ¡yo te ordeno aquietarte! Tierra, regresa a tu dominio asignado. El día de tu salvación ha amanecido".

"VOSOTROS PODEROSOS VIENTOS DEL CIELO, VENTILAD VIDA EN EL GLOBO QUE EXPIRA."

Pidió a los cielos: "Ustedes, vientos poderosos, ventilen este mundo moribundo con la vida. Ustedes, aguas de las fuentes eternas de la vida, viertan sobre su suelo estéril. Ustedes, ángeles, reúnanse rápido y traigan inspiración y verdad para contrarrestar la perversión y la mentira.

"Y tú, Muerte," gritó, "a pesar de que cuentas tus millones de muertos, puse mi sello en ti. Estás confinada y tus días están contados. El Hades, tu reino de muerte, tu trofeo de todos los tiempos, fracasará y en el tiempo señalado tú morirás".

Se dio la vuelta y se enfrentó a Apolión. "¡Tú enemigo de la justicia! ¡Tú enemigo de la paz y el cielo! Regresa al lugar de donde viniste. Lleva tus fuerzas a la muerte porque a la hora señalada tú también sentirás mi poder.[9] ¡Mira! Yo vengo a rescatar a mi pueblo."

Jesús terminó estas palabras con una gran extensión de su mano, en la que Apolión y sus legiones huyeron. La nube negra que seguía los ocultó de nuestra vista.

La cruz permaneció rígida contra el cielo. Mientras sobrellevaba el extremo de su agonía final, Jesús dijo: "Padre, en tus manos encomiendo mi espíritu", y con voz fuerte gritó: "¡Consumado es!"[10] Entonces, sosteniendo la muerte en su poder, descendió hacia los espíritus en prisión.[11]

Por un largo tiempo, el silencio llenó el aire. Nada se movía. Nadie hablaba.

Poco a poco, una suave luz empezó a brillar, revelando una tumba solitaria custodiada por hombres armados. Un ángel se paró cerca. Tocó la tumba con un cetro en su mano derecha y mientras lo hacía, la tumba se hizo transparente, revelando el cuerpo de Jesús.

Éste se encontraba en la solitaria tumba, envuelto en una sábana limpia, sin manchas de sangre. El ambiente quieto y en silencio, sin ser molestado por el clamor de la muchedumbre gritando, trajo alivio calmante a las mentes de los niños que miraban. Habían sido abrumados por las escenas de crueldad y masacre reveladas durante los sufrimientos de Jesús.

Mientras mirábamos y disfrutábamos de la tranquilidad, el principal guardián habló: "Miren cuán calmado y compuesto está el cuerpo de Jesús ahora".

"Sí, Él descansa, ha hecho de la tumba su cama. Con su gente Él duerme en la tumba. Él santifica el sepulcro de sus santos."

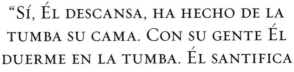

"Sí, Jesús está en reposo", respondió una voz. Misericordia apareció por encima de la tumba. "Él está en reposo. Está durmiendo en la tumba con su pueblo. Ha hecho de la tumba un lugar santo, pero se levantará de nuevo. No sólo eso, también va a despertar a todos los que duermen en la muerte."

Entonces uno de los coros celestiales descendió sobre la tumba donde Jesús estaba y empezó a cantar:

Paz y santo descanso,
Sostengan el cuerpo del Señor suavemente en sus brazos.
Nunca volverá a sufrir dolor.
Santos ángeles, guarden la tumba sagrada.
No permitan que ningún intruso ingrese aquí
Donde el cuerpo del Redentor está en reposo.
Mantengan las fuerzas de la decadencia, para que no puedan
    dañarlo.
Ha sido hecho santo a través del sufrimiento.

Luego, en alta aclamación, otra compañía de ángeles cantó:

Resucitará. Él subirá al cielo más alto.
Él será la pieza central y los santos se reunirán alrededor.
En los reinos de la inmortalidad Él traerá a sí mismo
Los cuerpos renovados de los santos.

Una vez más, el primer coro cantó:

Que los cielos tomen sus liras nuevamente
Y empiecen a tocar sus mejores notas en sublimes himnos.
Jesús se levantará y ascenderá en nubes de gloria.
Universos se unirán a la canción de su ascensión.
Háganse eco de su nombre, collados eternos,
Háganse eco de su nombre en un canto triunfal.

Había alegría más allá de toda medida, por ver el cuerpo de Jesús reposando. Había un silencio sagrado.

Ver el cuerpo de Jesús descansar en una quietud tan sagrada me llenó de una alegría que va más allá de toda descripción. Era una dicha escuchar los himnos de los ángeles que vigilaban la tumba.

Era cierto. Jesús había hecho de la tumba un lugar santo.

Nunca puedo reflexionar sobre esa escena sin sentir que mi cuerpo debe descansar también. Quiero recostarme en la tumba. La tumba ya no es triste para mí. Más bien, es el lugar más sagrado en la tierra. Allí, Jesús, mi Redentor, dormitó con su cuerpo libre de dolor. Sólo déjame ser digna y, en el tiempo señalado, alegremente pondré mi cuerpo para descansar y esperar la mañana de la resurrección.

Apoyo de la Palabra de Dios

1. "Después de esto, sabiendo Jesús que ya todo estaba consumado, dijo, para que la Escritura se cumpliese: Tengo sed" (Juan 19:28).

2. "*¡…Mi nombre es la muerte!*" Al restaurar la humanidad perdida, Jesús tuvo que superar tres enemigos: el pecado, Satanás y la muerte. En este punto de la visión, vemos que su enfoque cambió del pecado a la muerte (personificada).

3. "Y a la hora novena Jesús clamó a gran voz, diciendo: '*Eli, Eli, ¿lama sabactani?*' que traducido es: 'Dios mío, Dios mío, ¿por qué me has desamparado?'" (Marcos 15:34).

4. "He pisado yo solo el lagar y de los pueblos nadie había conmigo; los pisé con mi ira y los hollé con mi furor; y su sangre salpicó mis vestidos y manché todas mis ropas" (Isaías 63:3).

5. "...*Este Dios-Hombre...*" Jesús, quien es Dios y fue engendrado de Dios, nació también un hombre, el hijo de María. Por lo tanto, el término *Dios-hombre* describe un ser único.

6. Véase Juan 19:11.

7. Debido a que Jesús nació como hombre, se convirtió en objeto de la maldición de la muerte que se cierne sobre toda la humanidad, lo que le da la oportunidad de conquistarla.

8. "Y la muerte y el Hades fueron lanzados al lago de fuego" (Apocalipsis 20:14).

9. "...*siente mi poder restrictivo.*" Apocalipsis 20:10 dice: "Y el diablo que los engañaba fue lanzado en el lago de fuego y azufre...".

10. "Cuando Jesús hubo tomado el vinagre, dijo: Consumado es. Y habiendo inclinado la cabeza, entregó el espíritu" (Juan 19:30).

11. Ver 1 Pedro 3:19, un pasaje desconcertante. Aparece sólo esta vez en la Biblia.

VEINTITRÉS

¡Ha resucitado!

U N PODEROSO ÁNGEL ROMPIÓ EL SILENCIO. DESCENDIÓ DE lo alto, se puso de pie en la tumba y gritó: "¡Miren! El Hijo del hombre viene desde el lugar de la muerte. ¡Miren! ¡El Conquistador ya viene!".

El espíritu de Jesús se le apareció, caminando entre las tumbas y mirando por encima de cada uno. "Cuerpos durmientes de mi pueblo, su noche ha sido una larga y triste, y su cama ha estado fría. Ustedes son el precioso polvo de los espíritus que redimí. Mas ustedes se levantarán y la oscuridad que ha envuelto este lugar será disipada por la luz de la vida."

Se dirigió con rapidez. "Yo he venido para iluminar esta bóveda y establecer los límites de la muerte y la tumba. He venido a abrir una puerta de escape."

Hizo una pausa. "Duerman, ustedes polvo sagrado de mi pueblo. Duerman hasta que la vida de arriba redima y espiritualice estos restos. Entonces entrarán en la vida espiritual inmortal e incorruptible. Duerman hasta ese día, cuando sean llamados a salir de este letargo hacia la vida. De ahora en adelante, la oscuridad de la tumba no será más."

Mirando hacia arriba, dijo: "Vigilante de los collados eternos, baja y entra en este lugar. Mantén la guardia hasta la mañana de la

Resurrección, cuando te mandaré a levantar con estas cenizas. Luego serán devueltos a la vida, transformados en nuevos cuerpos para mi pueblo redimido. Ese día llegará con divina certeza".

En respuesta, el vigilante salió de la montaña de la luz. Él era poderoso en fuerza, y una luz se reflejaba de las diez mil cruces tejidas en sus vestidos. Se inclinó delante de Jesús. "Yo he venido para hacer tu voluntad, oh Dios."

El Señor respondió: "Guarda esta tumba donde la mortalidad duerme". Él colocó un cetro en la mano derecha del centinela. Grabada en su eje bruñido estaba la imagen de la cruz, y en jeroglíficos, los actos solemnes del juicio y la crucifixión. Jesús dijo: "Utiliza este cetro para defender y controlar estos dominios hasta que el cielo te llame".

El vigilante dijo: "¡Sé mi ayudador! ¡Hágase tu voluntad, para siempre!".

Nuestra atención se dirigió luego a la tumba solitaria donde el cuerpo de Jesús estaba todavía, custodiado por los ángeles. Cuando miramos, vimos que el Espíritu Santo se acercaba. Con una voz de poder supremo gritó: "¡Que la vida descienda! ¡Que el Espíritu vivificante llene este cuerpo! ¡Que cada parte de éste se transforme en vida! ¡Que este cuerpo sea inmortalizado! ¡Que se levante!".[1]

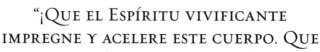

"¡QUE EL ESPÍRITU VIVIFICANTE
IMPREGNE Y ACELERE ESTE CUERPO. QUE
CADA FUNCIÓN, TEJIDO Y LA PROPIEDAD
DEL MISMO, SE TRANSFORME EN VIDA Y
SEA INMORTALIZADO. POR LO TANTO:
QUE ESTE CUERPO SE LEVANTE!"

La luz del Espíritu Santo rodeó el cuerpo, y las paredes y cimientos de la tumba comenzaron a temblar. Fuertes temblores sacudieron la tierra una y otra vez. Y entonces el cuerpo de Jesús se levantó. ¡Estaba vivo!

Un poderoso ángel gritó con fuerte voz: "¡Jesús ha conquistado! ¡Él se levanta triunfante! ¡La muerte no tiene poder sobre Él! ¡Él ha roto sus cadenas! ¡Él está vivo para siempre! ¡Jesús reina!".

"¡Aleluya! ¡Amén! ¡Jesús reina!" Esta abrumadora respuesta surgió de los innumerables ángeles que estaban mirando.

Justicia, aún observando la escena, luego habló. "Ustedes gritan acerca de su victoria, pero Él todavía está con los muertos. Él no ha salido de allí."

Pero Jesús ya avanzaba hacia la masiva puerta que cerraba la salida de la tumba. Extendió su mano y tocó sus pesadas barras. "¡Ábrete, tú, puerta poderosa! La muerte, tu poseedor, no tiene más poder sobre ti. Sus límites se han determinado." Al instante, las barras se convirtieron en polvo.

Al mirar por encima de las ruinas, dijo: "Es cierto que el hombre ha fallado y violado la ley de la vida. Es cierto que su cuerpo perecerá, al igual que el cuerpo de Adán murió, pero ahora él será restaurado por la ley de la vida² que he revelado a la humanidad. ¡Él vivirá otra vez! La tumba no podrá gobernar sobre las cenizas de los muertos. Tampoco existirá para siempre como un valle de oscuridad entre la tierra y el cielo".

Jesús volvió a gritar: "¡Ábrete, tú, puerta maciza! ¡Y ustedes, vientos, llévenla lejos para que nunca regrese!".

Entonces Jesús dijo: "Ábrete, puerta masiva, y vosotros, vientos, llevadla lejos para que nunca más puede regresar."

Inmediatamente fue arrastrado fuera de la vista. Jesús entonces agitó su mano derecha sobre los durmientes en silencio, diciendo: "Este polvo despertará. Será traído a la vida y será la morada de los espíritus del hombre". Entonces se levantó de la tumba, llevando en su mano las llaves de los dominios oscuros.[3]

Una voz habló desde la nube que se cernía sobre la escena, diciendo: "Este es mi Hijo amado. La paz sea con el mundo."

La nube descendió y a medida que se acercaba a Jesús, Misericordia salió de ella y se dirigió a Justicia. "Esta es la ofrenda que traigo y este es el trofeo de su victoria, el una vez muerto cuerpo de Jesús, ahora resucitado de la tumba y hecho inmortal. Justicia, ¿aceptas esta ofrenda?"

Justicia respondió: "El cuerpo se ha hecho inmortal. Debido a esto, acepto la ofrenda".

Entonces, Misericordia dijo con satisfacción: "La ofrenda es ahora perfecta. Está llena de vida divina y ahora será glorificada. Dios mismo, en la forma de Jesús, vino a salvar al hombre pecador, así como un fiel pastor busca a las ovejas que se han extraviado. A partir de ahora, la salvación será predicada a los perdidos, y los que la reciban encontrarán el paraíso.

"Jesús ha llegado a dominar la furia de sus enemigos. La muerte ahora entregará a sus muertos en el último día,[4] cuando Dios abrazará todos aquellos que le aman y le obedecen."

Luego, Justicia se dirigió a Jesús. "Tú eres desde la eternidad hasta la eternidad. Tú eres el Rey de reyes y Señor de señores. Tú tienes las llaves de la muerte. Cielo, acepta tu ofrenda y reconoce tu victoria. Tu misión, juicio y conquista están inscritos en el trono de la memoria eterna. A partir de este momento en adelante, la cruz estará tejida a través de todas las cosas en el reino de la justicia, y recordada para siempre. Tú eres el Cordero que fue inmolado por los pecadores. Tú eres Dios."

"DE AHORA EN ADELANTE, LA CRUZ ESTÁ GRABADA SOBRE Y DENTRO DE TODAS LAS COSAS EN EL REINO DE JUSTICIA, PARA QUE SE MANTENGA EN LA MEMORIA ETERNA."

Justicia luego abrazó a Jesús.

Misericordia se volvió a Justicia y le preguntó: "El pecador caído, ¿puede ser rescatado ahora y recibir el favor de Dios?".

Justicia respondió: "Dios, en Cristo, ha intervenido para reconciliar a la humanidad con Él. Debido a esto, todo el que venga a Dios por medio de Cristo será declarado inocente. Si la gente dejara de perseguir lo que es malo y se volviera al Señor, recibiría la justicia y la paz eterna en Jesús."[5]

Con un rostro radiante, Misericordia levantó la vista al cielo y dijo: "La salvación está completa. De ahora en adelante, tu gloria, oh Dios, brillará en el mundo caído. Tu nombre será adorado por todos los que reciben la inmortalidad".

Al decir esto, Misericordia abrazó a Jesús. Entonces, una nube de luz descendió y abarcó a Justicia y a Misericordia. Sus identidades separadas fueron fusionadas y, desde ese momento, sólo eran vistas como uno, en la persona de Jesús.[6]

Luego, rodeado por la nube y los aleluyas de miles de miles, Jesús se levantó de la tumba.

La escena pasó. Los discípulos se habían reunido en la cima de una montaña en obediencia a la instrucción del Señor, y estaban discutiendo la resurrección. De repente, una luz brilló sobre ellos y Jesús se apareció en medio de ellos.

Él dijo: "No tengan miedo. Toda autoridad en el cielo y en la tierra me ha sido dada. Por tanto, id y predicad el evangelio a todas las naciones, bautizándolos en el nombre del Padre y del Hijo y del Espíritu Santo. Enséñenles a obedecer todo lo que os he mandado. Les aseguro que siempre estaré con ustedes, hasta el final de la era.[7]

"La gente les perseguirá por causa de mi nombre,[8] pero porque yo he vencido, ustedes también vencerán, si confían en mi palabra.

"Y estas señales seguirán a los que creen: En mi nombre expulsarán demonios, hablarán en lenguas nuevas, tomarán serpientes en sus manos y cuando beban algo venenoso, no les hará daño alguno; pondrán las manos sobre los enfermos y éstos recobrarán la salud.[9] Pero esperen en la ciudad de Jerusalén hasta que hayan recibido el poder de lo alto".[10]

"PERO REPOSÉIS EN LA CIUDAD DE JERUSALÉN HASTA QUE SEÁIS INVESTIDOS DE PODER DESDE LO ALTO."

Luego, alzando sus manos, los bendijo. Mientras Él los bendecía, fue alzado y una nube lo ocultó de su vista.[11]

Entonces, los innumerables millones que llenaban el cielo tomaron sus instrumentos y con voces poderosas cantaron: "Te damos gracias, Señor Dios Todopoderoso, que era y es y ha de venir,[12] porque has tomado tu gran poder y conquistado. Te alabamos, Señor. Tú eres el Rey de reyes, Señor de señores, el Alfa y la Omega, el Principio y el Fin, el Primero y el Último".[13]

Los discípulos siguieron mirando hacia el cielo, donde su Señor resucitado y ascendido se había ido, pero con el tiempo, desapareció la nube que le ocultó de sus ojos. Luego adoraron. Después de esto, se levantaron en silencio y partieron hacia Jerusalén.

Apoyo de la Palabra de Dios

1. Ver Romanos 8:11 para ramificaciones de la resurrección por el Espíritu de Dios.

2. "*...La ley de la vida...*" se menciona en Romanos 8:2.

3. "*...Las llaves de los dominios oscuros.*" Apocalipsis 1:18 dice: "y el que vivo y estuve muerto; mas he aquí que vivo por los siglos de los siglos, amén. Y tengo las llaves de la muerte y del Hades".

4. 1 Tesalonicenses 4:16-17 muestra el orden de la resurrección de los últimos días, los muertos creyentes resucitarán primero, seguido por los creyentes que aún viven en la tierra.

5. Vea Isaías 55:7.

6. Una imagen gloriosa de Justicia y Misericordia, unidos en la persona de Cristo. Como un Dios justo, Jesús exigió que se hiciese justicia por los pecados cometidos. Sin embargo, como un Dios de amor, también pidió misericordia para sus hijos. La justicia fue

aplicada cuando el juicio cayó sobre sí mismo al llevar el pecado del mundo, y la misericordia se ofreció entonces a los que abrazarían este perdón. Éste es el corazón del evangelio.

7. "Y Jesús se acercó y les habló diciendo: Toda potestad me es dada en el cielo y en la tierra. Por tanto, id y haced discípulos a todas las naciones, bautizándolos en el nombre del Padre y del Hijo y del Espíritu Santo" (Mateo 28:18-19).

8. Ver Juan 15:18-25; 16:33.

9. "Y estas señales seguirán a los que creen: En mi nombre echarán fuera demonios; hablarán nuevas lenguas; tomarán en las manos serpientes y si bebieren cosa mortífera, no les hará daño; sobre los enfermos pondrán sus manos y sanarán" (Marcos 16:17-18).

10. Jesús les dijo a los discípulos en Lucas 24:49:

> He aquí yo enviaré la promesa de mi Padre sobre vosotros; pero quedaos vosotros en la ciudad de Jerusalén, hasta que seáis investidos de poder desde lo alto.

Luego leemos en Hechos 2:1-4:

> Cuando llegó el día de Pentecostés, estaban todos unánimes juntos. Y de repente vino del cielo un estruendo como de un viento recio que soplaba, el cual llenó toda la casa donde estaban sentados; y se les aparecieron lenguas repartidas, como de fuego, asentándose sobre cada uno de ellos. Y fueron todos llenos del Espíritu Santo y comenzaron a hablar en otras lenguas, según el Espíritu les daba que hablasen.

11. "Y habiendo dicho estas cosas, viéndolo ellos, fue alzado y le recibió una nube que le ocultó de sus ojos" (Hechos 1:9).

12. "Y los cuatro seres vivientes tenían cada uno seis alas y alrededor y por dentro estaban llenos de ojos; y no cesaban día y noche

de decir: Santo, santo, santo es el Señor Dios Todopoderoso, el que era, el que es y el que ha de venir" (Apocalipsis 4:8).

13. "Yo soy el Alfa y la Omega, el principio y el fin, el primero y el último" (Apocalipsis 22:13).

VEINTICUATRO

El rescate del hombre perdido

ON EL CIERRE DE ESTAS ESCENAS, UN ÁNGEL SE LE APARECIÓ y proclamó con alta voz: "¡La salvación ha llegado! ¡Animaos y alegraos, habitantes de la tierra! El León de la tribu de Judá, la raíz de David, ha vencido. Él es capaz de abrir el libro y sus siete sellos.¹ ¡Que la salvación, el año del Jubileo,² sean predicados a los lugares lejanos! ¡Salgan, mensajeros! Declaren este amor de Dios para la perdida raza humana. ¡Sí! ¡Que todos los cielos se hagan eco de las buenas noticias! Porque de tal manera amó Dios al mundo, que ha dado a su Hijo unigénito, para que todo aquel que en Él cree, no se pierda, mas tenga vida eterna".³

Aún cuando el ángel habló, escuchamos una triste voz gritando: "¡Ayúdenme! ¡Estoy en problemas terribles! ¿Quién me librará de este miserable cuerpo moribundo?".⁴

Desde la dirección de la voz, una nube se levantó en medio de una terrible tormenta. Un poco más allá de esa nube, podía ver altas montañas con un fuego terrible y humo que brotaba de sus lados.

Una vez más oí la voz que clamaba con angustia: "¿Tenemos que morir?".

La nube negra que se cernía sobre la escena, luego se separó, y una luz pálida reveló al moribundo y su familia una vez más. Junto a ellos ahora estaba un hombre, sencillamente vestido, con un libro en la mano. Leyó de él: "Venid a mí todos los que estáis trabajados y cargados y yo os haré descansar".[5]

Mientras leía, el hombre que sufría levantó la vista. Parecía sorprendido por la presencia del extraño, pero le preguntó: "¿Quién me dará descanso? ¿De quién estás hablando?".

Él respondió: "Jesús, quien es el Salvador de los hombres, te ayudará."

"Pero yo estoy sucio, cada parte de mí."

El mensajero leyó nuevamente el libro, "Si vuestros pecados son como la grana, vendrán a ser blancos como la nieve; aunque sean rojos como el carmesí, vendrán a ser como lana".[6]

El hombre se quejó: "Pero yo he pecado contra el cielo."

Una vez más, el mensajero leyó: "Deje el impío su camino y el hombre inicuo sus pensamientos. Que se vuelva al Señor, el cual tendrá de él misericordia y al Dios nuestro, el cual será el perdón".[7] Luego agregó: "También está escrito: 'No son los sanos los que necesitan un médico, sino los enfermos.'[8] Si quieres entrar en la vida con todo tu corazón, puedes hacerlo. ¡Mira hacia arriba!", continuó, mientras levantaba su mano.

...DE INMEDIATO UNA LUZ BRILLÓ
DESDE ARRIBA, REVELANDO HACIA EL
SENTIDO INTERIOR DE LA VÍCTIMA, EL
REDENTOR EXTENDIDO EN LA CRUZ...

Inmediatamente, una luz brilló desde arriba y el hombre vio al Redentor en la cruz. Al mismo tiempo, oyó una voz que decía: "El que cree en mí aunque muera, vivirá, y todo aquel que vive y cree en mí no morirá jamás. ¿Crees esto? ...Yo soy el camino, la verdad y la vida. Nadie viene al Padre sino por mí".[9] El hombre en sufrimiento respondió: "Señor, yo creo, pero ayúdame a superar mis dudas".[10] Levantando sus manos, oró: "Dios, sé propicio a mí, pecador".[11]

Con esto, una luz descendió y le tocó, y el Espíritu de Dios llenó su alma.

"Tus pecados han sido perdonados, tu culpa es quitada y tus heridas han sanado. El Espíritu te ha hecho vivir y ahora está diciendo: 'levántate porque has recibido la salvación'."

El hombre redimido se puso de pie. Su rostro se transfiguró y comenzó a adorar. La luz que brilló en él reveló la imagen de la cruz inscrita en su ser interior, y la ley del cielo escrita en su corazón.[12]

El mensajero, todavía a su lado, ahora leía: "Bienaventurados los de limpio corazón porque ellos verán a Dios".[13] Luego dijo: "Tú has sido traído a la vida por el Espíritu. Has pasado de la muerte a la vida eterna.[14] Ahora estás usando la ropa de la salvación.[15] El Espíritu te dice que salgas y hables a los muchos que necesitan conocer todo acerca de la gracia de Dios.[16] Ve y predica las buenas nuevas. Busca a los perdidos. Tú has recibido por gracia; ahora da por gracia.[17]

"Sé fiel a lo que se te ha dado. Mantente en guardia, para que cuando el Señor venga y te llame, puedas dar buenas cuentas de tu trabajo para Él".[18]

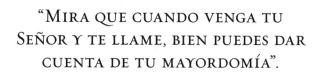

"MIRA QUE CUANDO VENGA TU SEÑOR Y TE LLAME, BIEN PUEDES DAR CUENTA DE TU MAYORDOMÍA".

Leyó de nuevo: "¡Mira! Dios está contigo para bendecirte y fortalecerte. Su gracia te permitirá hacer frente a toda prueba que puedas tener."[19]

El hombre redimido levantó la vista y oró: "Ayúdame, Dios. Puedo hacer cualquier cosa si Jesucristo me fortalece".[20]

Luego, convertido en un siervo de la cruz y un embajador de Jesús,[21] entró en la nube que había oscurecido la llanura al pie de la montaña. En cuanto se marchó, escuchamos su voz.

"Señor, yo realmente soy tu siervo. Quitaste todas mis cadenas. ¿Qué puedo darte por todo lo que has hecho por mí? Yo siempre te alabaré y daré gracias.[22] Examíname, pues, oh Dios, por tu Espíritu, y pruébame. Ve si hay algún mal camino en mí y siempre guíame en tus caminos."[23]

Sus últimas palabras estaban llenas de alegría. "¡Alaben al Señor, todas las naciones, pues su misericordia y bondad para con nosotros es enorme. ¡Alabado sea el Señor!"

"CUANDO NO NOS ACORDAMOS DE TI, TU ESPÍRITU NOS BUSCÓ."

Luego, una vasta compañía de espíritus redimidos dirigidos por María, la madre de Jesús, se unieron y cantaron: "Nosotros te alabaremos, Señor Dios Todopoderoso, quien era y es y ha de venir, por las cosas maravillosas que has hecho por todos los pueblos. Tus caminos son justos y verdaderos. Tú nos has redimido. Aún cuando no estábamos ni siquiera pensando en ti, tu Espíritu nos buscó. ¡Digno es el Cordero! ¡Tus obras son maravillosas! ¡Tú vives sobre los querubines, tu trono es eterno y tu dominio es sobre todo! ¡Alabanza, gloria y soberanía a ti a través de las edades eternas! ¡Amén!".

Por último, un ángel me dijo: "Los niños ya están listos para ascender a un plano superior. Aprenderán cosas aún mayores, y crecerán más y más desde allí. La gloria de aquel lugar ahora desciende, y los espíritus que llevarán a estos pequeños hasta allá los recibirán de parte de sus tutores anteriores. Vayamos pues".

Apoyo de la Palabra de Dios

1. Ver Apocalipsis 5:1-5.

2. "...*El año de jubileo*..." Ver Levítico 25:8-55 y Lucas 4:19. En el antiguo Israel, durante el año del jubileo (cada cincuenta años), los esclavos eran liberados, las deudas eran canceladas y la propiedad ancestral era devuelta a su dueño original. En este caso, la liberación es del pecado y todas sus consecuencias.

3. "Porque de tal manera amó Dios al mundo, que ha dado a su Hijo unigénito, para que todo aquel que en Él cree, no se pierda, mas tenga vida eterna" (Juan 3:16).

4. Este es un eco de las palabras del apóstol Pablo en Romanos 7:24.

5. "Venid a mí todos los que estáis trabajados y cargados y yo os haré descansar" (Mateo 11:28).

6. "Venid luego, dice Jehová y estemos a cuenta: si vuestros pecados fueren como la grana, como la nieve serán emblanquecidos; si fueren rojos como el carmesí, vendrán a ser como blanca lana" (Isaías 1:18).

7. "Deje el impío su camino y el hombre inicuo sus pensamientos y vuélvase a Jehová, el cual tendrá de Él misericordia y al Dios nuestro, el cual será amplio en perdonar" (Isaías 55:7).

8. "Al oír esto Jesús, les dijo: Los sanos no tienen necesidad de médico, sino los enfermos" (Mateo 9:12).

9. "Le dijo Jesús: Yo soy la resurrección y la vida; el que cree en mí, aunque esté muerto, vivirá. Y todo aquel que vive y cree en mí, no morirá eternamente. ¿Crees esto?" (Juan 11:25-26). "Jesús le dijo: Yo soy el camino, y la verdad, y la vida; nadie viene al Padre, sino por mí" (Juan 14:6).

10. "E inmediatamente el padre del muchacho clamó y dijo: Creo; ayuda mi incredulidad" (Marcos 9:24).

11. *"Dios, sé propicio a mí, pecador."* El cobrador de impuestos también oró estas palabras en Lucas 18:13.

12. *"...La ley del cielo escrita en su corazón."* En el Antiguo Testamento, las leyes fueron escritas en tablas de piedra. Pero Dios prometió un nuevo pacto en el que las leyes se escribirían en los corazones. Ver Hebreos 8:7-13, especialmente el versículo 10: "Pondré mis leyes en la mente de ellos y sobre su corazón las escribiré."

13. "Bienaventurados los de limpio corazón, porque ellos verán a Dios" (Mateo 5:8).

14. Ver Juan 5:24.

15. Comparar Efesios 6:11-18, que muestra la armadura de Dios.

16. Ver Lucas 10:02.

17. "de gracia recibisteis, dad de gracia" (Mateo 10:8).

18. Ver Mateo 25:14-30.

19. Ver 1 Corintios 10:13. También 2 Corintios 12:9 dice: "Bástate mi gracia; porque mi poder se perfecciona en la debilidad."

20. "Todo lo puedo en Cristo, que me fortalece" (Filipenses 4:13).

21. "...*Un embajador de Jesús*..." Comparar 2 Corintios 5:20, que dice: "somos embajadores en nombre de Cristo, como si Dios rogase por medio de nosotros".

22. "*Yo siempre te alabaré y daré gracias.*" Ver Hebreos 13:15.

23. "*Examíname... guíame en tus caminos.*" Ésta es tomada del Salmo 139:23-24.

VEINTICINCO

Regreso a la Tierra

*E*L TIEMPO POR FIN SE ACERCÓ, CUANDO ESTABA PARA VOLVER al mundo. Los niños, sus ángeles asistentes y los que habían visto las diferentes escenas se reunieron alrededor de mí y cantaron un himno. Más que nunca, sentí su amor y el valor maravilloso de los cielos.

El espíritu que al principio había besado la cruz se me acercó, llevando los dos niños como antes, y dijo: "Marietta, tienes que dejarnos ahora. Te amamos y lamentamos profundamente que tengas que partir, pero es la voluntad de nuestro Redentor, por lo que alegremente nos someteremos a eso. Sin embargo, Marietta, nos alegramos porque sabemos que volverás a la hora señalada".

"Sí, estamos esperando eso", respondió uno de la multitud. "Estamos muy contentos de que hayas podido ver algunas de las cosas hermosas, las casas celestiales y la adoración angelical. Aún más que eso, realmente alabamos a nuestro Padre celestial por mostrarte cómo los niños son instruidos acerca de la naturaleza pecadora del hombre y cómo Él ha provisto para su redención.

"Es maravilloso saber que has sido recibida por el mismo Redentor y bendecida por Él. Te damos todo nuestro amor y esperaremos con mucha paciencia hasta que te saludemos en la puerta de la ciudad santa cuando regreses. ¡Ese será un momento feliz!"

Entonces todos se pusieron en círculo alrededor de mí. El espíritu que se había dirigido a mí por primera vez me abrazó y sentí todo su amor en un simple abrazo. Pensar ahora en esa escena me llena de una paz y alegría indescriptibles.

Después de esto, el espíritu llevó a los dos niños donde mí. Ellos envolvieron sus brazos alrededor de mi cuello y me besaron muchas veces, diciendo: "Marietta, cuando vuelvas al mundo y te reencuentres con los que nos amaron y lloraron nuestra pérdida, diles que somos felices aquí. Diles que no tenemos dolor. Siempre estamos con nuestros guardianes y amamos a todos y a Jesús, nuestro Redentor, sobre todo. Diles que estamos esperando pacientemente su llegada aquí. Nosotros también te amamos, Marietta y nos reuniremos contigo de nuevo".

Entonces Jesús descendió de una nube. Colocó su mano sobre mi cabeza y me habló.

"HIJA, POR UN OBJETIVO SABIO, TIENES QUE REGRESAR. SÉ FIEL A TU ENCARGO. RELATA, TANTO COMO PUEDAS, LO QUE HAS VISTO Y OÍDO."

"Hija, es importante que regreses. Tienes una encomienda. Sé fiel a ella. Siempre que tengas la oportunidad, dile a la gente lo que has visto y oído. Cumple tu misión y, a la hora señalada, ángeles te esperarán en la puerta de la muerte y te llevarán a tu casa aquí en el reino de la paz. No estés triste. Mi gracia te sostendrá. En tus sufrimientos serás apoyada."

Entonces, el ángel le dio una copa de oro y Él la puso en mis labios. Mientras bebía, me llené de una nueva vida y del valor para soportar la separación. Me incliné y le adoré.

Luego, con su mano derecha me levantó, diciendo: "Hija de la tristeza de un mundo de tinieblas, eres redimida; tú eres bendita por los siglos. Sé fiel y cuando tu tiempo en la tierra haya terminado, entrarás en el gozo de tu Señor".

Colocó entonces una rama de olivo en mi mano y dijo: "Llévate esto a la tierra, como te han enseñado". Una vez más, Él puso su mano sobre mi cabeza, y la luz y el amor llenaron mi espíritu.

Había llegado el momento de mi partida. Miré a mi alrededor en esa hermosa ciudad y sus felices habitantes. Con acción de gracias, me ofrecí a Dios por las bendiciones de la inmortalidad y, sobre todo, por el regalo de la gracia en Jesús, el Redentor. Frente a todas las multitudes, levanté mis manos al Señor y oré por apoyo, para que pudiera mantenerme en el amor de Jesús, quien me había bendecido. Luego fui llevada en los brazos de los ángeles a la puerta de entrada del templo, donde por primera vez conocí al Señor.

A partir de ese momento, mientras los ángeles cantaban alabanzas a Dios y al Cordero, mi guía y yo descendimos a la tierra. Al entrar en esta habitación donde yacía mi cuerpo, me desperté rápidamente.

Espero pacientemente el tiempo que ha sido predeterminado, cuando iré y disfrutaré para siempre de esos lugares felices donde encontré la garantía de las alegrías por venir. Alabo a Dios por mi esperanza en Jesús. Vale diez mil mundos para mí.

Cuando llegue al paraíso, libre de la mortalidad, lo alabaré con un corazón puro e indiviso. Voy a exaltar el nombre de mi Redentor con fuertes himnos por toda la eternidad.

APÉNDICE A

Testimonios originales

*L*OS SIGUIENTES TESTIMONIOS SE PRESENTAN AQUÍ EN SU forma original, a excepción de unas ligeras modificaciones donde las palabras han alterado el significado o eran particularmente difíciles de entender. Aunque obviamente diferentes en estilo a nuestro lenguaje de hoy, son bastante fáciles de seguir, a diferencia de la lengua del texto del libro original.

Declaración del editor original

La creciente demanda de esta obra, con tan poco esfuerzo para llamar la atención del público a la misma, confirma nuestras primeras impresiones de que este es el libro para la época; uno realmente necesario para suplir la deficiencia intuitivamente percibida por la mente de la generación actual.

Edición tras edición, ha sido publicada y compartida silenciosamente en las manos del público lector. Informes de naturaleza alentadora llegan de todas las secciones donde ha encontrado su camino. El testimonio unido de los que han hecho uso de la obra es que, "leerla te beneficia".

Su sonido teológico, puro sentimiento religioso, y sus impactantes descripciones de escenas más allá de la muerte, según vistas por el espíritu de la joven mientras su cuerpo yacía en trance, no puede, me parece a mí, fallar en fortalecer la fe de los cristianos sobre las verdades del Apocalipsis. Más concretamente se ha adaptado a la mente joven de esta edad, para despertar en ella el amor por la religión cristiana, mientras se desarrolla tan gráficamente el gran plan de redención del hombre, "el cual los ángeles anhelan mirar".

He sido testigo de su efecto sobre la mente juvenil. Ellos, mientras escuchan la emocionante historia de Marietta, parecen nacer junto a su espíritu extasiado, y con él presenciar el desarrollo de visiones por el cual los infantes están siendo enseñados para conocer a su Redentor. También ellos podrían ser capaces de conocer y amar a quien una vez fue un bebé en un pesebre y luego un hombre que experimentó dolor y quebranto, que sufrió la muerte y triunfó sobre la tumba para la redención de una raza en ruinas y abandonada.

Yo, sin vacilar, declaro como mi creencia firme y constante, que el espíritu de Marietta Davis, como Juan, el Revelador mientras su cuerpo estaba en la isla de Patmos, visitó escenas más allá del sepulcro y allí vio y escuchó lo que relata. Como quiera que pueda ser, si la verdad puede ser presentada para llegar a la mente y ganar el afecto de la religión cristiana, todo se gana si así se desea.

—STEPHEN DEUEL
DAYTON, OHIO
1 DE SEPTIEMBRE 1856

Testimonios autentificando la visión

Los siguientes testimonios de la madre y hermanas de Marietta Davis y del doctor Emerson Hull, quien ha sido residente de Berlín durante muchos años y es un médico eminente, son sólo una parte de aquellos en posesión del editor, pero se consideran suficientes para autentificar la narración.

1. Testimonio de la familia, Berlín, Nueva York, 15 de noviembre de 1855

Rev. J. L. Scott

Estimado amigo,

Puesto que usted ha estado publicando el trance de Marietta Davis en el Diario *Mountain Cove* (Montaña Cove), algunos de los lectores nos han escrito para determinar su autenticidad. Debido a esto y para aliviarlo de la vergüenza, presentamos la siguiente documentación:

Marietta Davis era un miembro de nuestra familia. Ella nació en esta ciudad, donde vivió hasta que fue llamada por la muerte de entre nosotros.

Ella no era de hábitos religiosos abiertos, siendo reacia a conversaciones religiosas. Durante el avivamiento en el invierno de 1847-1848, su mente, como usted bien sabe, se ejercitó religiosamente, pero no pudo obtener la realidad de la fe que otros habían encontrado, a fin de que pudiera unirse a sus amigos jóvenes en las verdades del evangelio. En el agosto siguiente, ella cayó en un sueño, o trance, del cual no podía despertar. En ese estado permaneció nueve días y cuando se despertó, ella dijo que había estado en el cielo, y que había visto a muchos de sus viejos amigos y parientes que habían muerto y a Jesús el Redentor. A partir de ese momento, su esperanza en el cielo, a través de Jesús, era fuerte, y ella se alegró ante la perspectiva de un ingreso final en el Paraíso de la Paz.

Durante su corta estadía con nosotros después de que salió del trance, relató lo que dijo haber visto, escuchado y aprendido durante su sueño, pero mucho de lo que ella nos dijo, mencionó que deseaba que no se hablara, ya que el mundo no estaba preparado para oírlo. El trance, como lo publicado, hasta donde podemos recordar, es correcto; sólo que se ha omitido mucho. Marietta se quedó dormida en agosto de 1848, y murió el mes de marzo siguiente, en la fecha y en la forma previstas por ella misma.

Suyas,

Nancy Davis, madre

Susan Davis, hermana

Sarah Ann Davis, hermana

2. El testimonio del médico de cabecera, Berlín, Nueva York, 15 de noviembre de 1853

Rev. J. L. Scott

Muy señor mío:

En el verano de 1848, con usted mismo, visité a la viuda Nancy Davis, de esta ciudad, en calidad de asistente médico para su hija Marietta, quien había caído en un estado de catalepsia o trance, en el cual permaneció nueve días y del cual despertar su habilidad humana parecía inútil. Cuando ella regresó a su estado normal, relató gran parte de un personaje notable, que dijo que había aprendido mientras estaba en el trance.

Después de haber leído partes de lo que han publicado en el diario *Mountain Cove*, estoy dispuesto a dar mi testimonio en cuanto a su estricta correspondencia de lo que le escuché relatar antes de su muerte.

Su obediente servidor,
Dr. Emerson Hull

3. Testimonios de ministros prominentes que vivieron en el momento de la visión

No sea que algunos que no han leído este trance y desconocían su carácter lo clasifiquen con libros "motivadores" por el "espíritu de los medios" de hoy día, y para asegurar al lector que su sentimiento correcto y espíritu puro lo encargó a la confianza del público religioso, insertamos las siguientes declaraciones del reverendo Waller, de Kentucky, y el reverendo Miller, de Springfield, Ohio.

Rev. G. Walker, uno de los primeros ministros de la orden Bautista, en Kentucky, cuya sólida teología y buen sentido común le ganó, por veinticinco años consecutivos, el más alto cargo en su denominación, y cuyo nombre es suficiente recomendación para cualquier trabajo a través de su amplio campo y donde se conoce su nombre, escribe lo siguiente:

"He examinado con detenimiento un libro que lleva el título: *Scenes Beyond the Grave* (Escenas más allá de la tumba), que pretende ser una simple narración de escenas que se desarrollaron más allá de la tumba y evidenciadas por el espíritu de una niña mientras ella estaba en trance, como muestra el testimonio. De esto no expreso opinión alguna, pero totalmente apruebo su espíritu puro y profundo tono de cristiandad y su sonido teológico.

"Las escenas están tan verdaderamente representadas y con tanto arte y espeluznantemente narradas, que no puede dejar de asegurar el juicio y ganar la confianza y el afecto de todos los que lo leen.

"Me veo obligado a decir que en la pureza de estilo y la riqueza de su composición, no se destaca más que los trabajos que he leído. Me complacería si se pudiera poner sobre la mesa de cada familia y que sea leído en todas las escuelas comunes y dominicales en la tierra. La incredulidad en el cristianismo puede tener poca influencia en donde se lea. Se adapta particularmente a la utilización de las familias y las escuelas, para formar en la mente del joven las primeras impresiones. Por lo tanto, muy alegremente lo recomiendo al público y en particular a todos los que aman la Biblia y la religión cristiana."

GEORGE WALKER
LOUISVILLE, KENTUCKY
15 DE JUNIO DE 1855

Rev. Sr. Miller, de Springfield, Ohio, ministro de la Iglesia Metodista Episcopal, un hombre de profunda devoción y piedad que ha marcado, no sólo la confianza de su iglesia, sino que por unos veinte años ha mantenido una oficina responsable, regalo de la gente de su ciudad y condado, en una carta dice así:

"Rev. J. L. Scott:

"Tengo ante mí la primera parte del trance de Marietta Davis, titulado *Scenes Beyond the Grave*, el cual he leído con placer indecible y que hasta el momento supera cualquier trabajo que previamente haya leído, que trata sobre el estado perdido del hombre y su redención por medio de nuestro Señor Jesucristo, por lo cual me veo obligado a instar en usted la necesidad de ponerlo en manos de cada familia en la tierra.

"Su riqueza y pureza de estilo, su grandeza poética y excelencia figurativa, poseen tanto la mente del lector, que él mismo parece caer en un trance y se transmite mucho más allá de la oscuridad y las imperfecciones de la tierra, para ser un observador con el espíritu de Marietta, de las escenas encantadoras que ocupan los habitantes de los cielos y también como fue revelado a ella, el lector se da cuenta aún más de la profunda iniquidad en la que el hombre ha caído a causa del pecado, y se pierde en la contemplación del infinito bien otorgado en su redención.

"Su descripción, según se reveló a ella, de la manifestación de Justicia y Misericordia, la mansedumbre, el amor y el sufrimiento del Salvador, en el propósito y la finalización del plan de salvación, es inigualable. La narración de lo que vio en el Paraíso, donde los niños de la tierra son recibidos, coincidiendo con tanta perfección como lo hace con nuestra mayor esperanza de la bienaventuranza de nuestros pequeños, que han salido de esta vida, llena al lector con el éxtasis.

"Ningún lenguaje mío se encuentra en modo alguno capaz de explicar los sentimientos que despiertan en el alma, al leer el relato. Cualquiera que haya sido la causa de inspiración (y creo que ella vio lo que relata), creo que quien lee el trance con algún grado de atención recibirá un beneficio duradero.

"Por tanto, estoy seguro de que debe extenderse en el extranjero a través de la Tierra y más especialmente, ya que está tan bien calculado para contrarrestar la influencia destructiva de la incredulidad en el cristianismo, ahora tan abundantemente proclamada por los defensores del espiritismo moderno infiel."

"En los lazos del afecto cristiano,

Reuben Miller
Springfield, Clark Co., Ohio
9 de junio de 1855

4. Testimonio del pastor de Marietta

El trabajo ahora presentado al público como *Scenes Beyond the Grave* no viene sin autorización por su título un tanto sorprendente. En el verano de 1848, una joven llamada Marietta Davis, de veinticinco años, que reside con su madre la señora Nancy Davis, en Berlín, Nueva York, cayó en un sueño o trance en el que permaneció durante nueve días. Todos los esfuerzos por parte de sus amigos y de los médicos no le despertaron de este estado natural. Cuando por fin despertó a la conciencia de las cosas externas, estaba en plena posesión de todas sus facultades naturales, con una agudeza casi sobrenatural de la percepción sobreañadida.

Antes de que ella cayera en el trance, su mente había estado considerablemente ejercitada en lo que respecta a su futuro estado, pero todavía había una duda persistente que le perturbaba en gran medida. Su madre y sus hermanas eran miembros ejemplares de una Iglesia Bautista, en Berlín, entonces a mi cargo pastoral, pero la duda de Marietta parecía impedirle el disfrute de la esperanza en la cual su familia se apoyaba con tanta confianza. Pero cuando salió del trance en el que había permanecido durante tantos días, estaba llena de alegría y regocijo por las cosas indecibles que había visto y oído. Su boca estaba llena de alabanzas a Dios y su corazón se llenó de gratitud hacia Él por su bondad. Ella afirmó que mientras su cuerpo yacía como si estuviese muerta, su espíritu había visitado el mundo eterno. Informó a sus amigos que ella no iba a permanecer mucho tiempo con ellos, sino que pronto debía irse para disfrutar de una mansión preparada para ella en el reino de su Padre celestial. Después de esto, vivió siete meses y murió en el tiempo previsto por ella misma. Tan perfectamente hizo saber la hora de su partida que cuando llegó, ella seleccionó un himno. Comenzó cantando con la familia y, mientras cantaban, su espíritu tomó su vuelo con tanta suavidad como para no llamar la atención. El himno se inició con sus amigos en la tierra y sin duda llegó a la conclusión con los ángeles en el cielo.

El estilo de la narrativa de Marietta es peculiar. Ella lamentó su incapacidad para expresar sus concepciones de lo que había visto y oído, a fin de dar una idea definida de las glorias del mundo celestial. No me he sentido en la libertad de cambiar el estilo de su narrativa y en la medida de lo posible he utilizado su propio idioma. Habiendo recibido la historia de sus propios labios, la he conservado tanto, como para que sea en verdad el relato de su propia experiencia.

El tono del trance es exaltado y cristiano, por lo tanto su influencia no puede dejar de ser de un carácter útil y sagrado. Convencido de esto, lo ofrezco al público. Si se lee en el espíritu con el que se le ha dado, no puede dejar de alegrar y animar a los cristianos y dirigir los pensamientos del hombre del mundo más allá de su existencia material. Porque mientras la seguimos en su amplia gama de pensamientos y visiones espirituales, olvidando el mundo exterior, nos imaginamos que los cielos se abren a nuestro punto de vista, revelando su gloria y magnificencia.

Nos parece ver a las multitudes en movimiento, que con arpas de oro y voces angelicales están cantando alabanzas a Dios. Con éxtasis contemplamos, como un espejo delante de nosotros, el paraíso infantil, y nos parece estar observando el orden y la armonía de los habitantes de esa divina esfera. Entonces, transmitidos por su historia fascinante, en el espíritu parecemos levantarnos con los santos y los ángeles y familiarizarnos con los habitantes de los cielos celestes y somos dirigidos a exclamar: "¡Marietta! ¡Favorecida del cielo, bendecimos la providencia que desarrolló esa visión, mientras leemos con deleite del alma, las revelaciones de su espíritu en trance!"

—J. L. Scott

APÉNDICE B

Paraíso infantil

*L*OS SIGUIENTES CUATRO CAPÍTULOS SE ENCONTRABAN *originalmente en la historia, inmediatamente después del capítulo 5. Éstos describen en detalle el cuidado de los infantes y los niños en una guardería especial en el paraíso. La sección es bastante independiente y se ha colocado aquí a fin de establecer un ritmo constante en todo el resto de la historia. A partir del final del capítulo 5, el niño termina su conversación con Marietta:*

"El ángel que pasaba y que se detuvo frente a nosotros en este momento fue el que me llevó al lugar preparado para los niños pequeños y frágiles. Estos espíritus de ángeles están continuamente alimentando sus pequeñas mentes. ¿Te gustaría visitar la guardería?"

Levantó la vista hacia el espíritu, como si fuera a pedir permiso para llevarme allí.

Instrucciones y cuidado infantil

En un momento, estábamos moviéndonos hacia arriba, en la dirección tomada por el ángel con el bebé. En poco tiempo, nos acercamos a una ciudad construida en medio de una llanura cubierta de flores. Vi edificios señoriales y calles llenas de árboles de sombra. Aves de todos los colores encaramadas en las ramas, sus diferentes notas se mezclaban en perfecta armonía. Muchas eran iguales que las aves que conocía en la tierra, pero mucho más hermosas, al igual que el propio paraíso era mucho más glorioso que la tierra.

Mientras viajábamos, la belleza y la armonía incrementaban con cada nuevo panorama. Me llamó la atención la impresionante arquitectura de los edificios y las magníficas esculturas fuera de ellos. Fuentes brillaban en la luz y hermosos árboles agitaban sus ramas extendidas. Las flores entretejidas y enredaderas de floración se hacían más hermosas cuanto más me alejaban. También vi muchas vías, las cuales terminaban en un punto central común.

Cuando nos dirigimos a este punto, una estructura amplia y compleja se levantó frente a nosotros. Los muros exteriores y las torres parecían estar hechos de mármol y delicados como la nieve. Esta estructura era la base para un pabellón enorme como una cúpula, pero mucho más grande que cualquier cúpula terrestre similar podría ser. Al acercarnos, vi que la cúpula estaba suspendida sobre un vasto espacio circular.

"Esta cúpula", dijo mi guía, "es el lugar donde todos los niños de la tierra se reúnen para la instrucción. Los edificios exteriores son los viveros donde los traemos en primer lugar, para ser nutridos por su ángel guardián.

...CADA UNO ES UNA CASA PARA LOS ESPÍRITUS INFANTILES QUE ENTRAN ALLÍ, HASTA QUE ALCANZAN GRADOS SUPERIORES Y ENTRAN EN EL PARAÍSO DE LA EXISTENCIA DE JÓVENES MÁS AVANZADOS, DONDE LOS GRADOS DE ENSEÑANZA ESTÁN ADAPTADOS A UNA CONDICIÓN MÁS INTELECTUAL.

"Cada guardería es una miniatura de la cúpula de instrucción vasta, pero no es menos singular. Éstas son las casas de los espíritus infantiles hasta que se desarrollan lo suficiente como para entrar en el Paraíso de la Juventud, donde la instrucción está más avanzada. Cada guardería cuenta con siete tutores maternales.

"Puedes ver, Marietta, que no hay dos edificios decorados por igual, sin embargo, todos se mezclan armoniosamente. Además, cada ángel guardián tiene una apariencia diferente y una luz radiante distinta.

"Cuando un niño muere en la tierra, el ángel guardián que lo trae por aquí evalúa la totalidad de sus capacidades y lo coloca con otros de similar capacidad. De acuerdo con sus habilidades artísticas, científicas o sociales, a cada uno se le da un hogar más adecuado para el desarrollo de sus dones.

"Cada edificio está dirigido por un grupo de siete ángeles guardianes maternales. Cada uno tiene un tipo de mente similar a los demás y funciona a la perfección con ellos.

"Cada día, o en ocasiones especiales, los niños son sacados de la cúpula central para su enseñanza y desarrollo.

"Cuando ellos han progresado, se mueven de sus casas y entran en la asamblea general, en la gran cúpula central de enseñanza. Cuando esto sucede, un coro angelical forma una nube por encima de ellos, cantando aleluyas a su Príncipe y Salvador."

Cuando el espíritu terminó de hablar, para mi sorpresa vi removerse a nuestra derecha la pared de una de las guarderías, como si una mano invisible hubiese movido una cortina hacia un lado. Tuve la oportunidad de ver completamente el interior. Sumamente brillante, estaba adornado de gran belleza artística, en conformidad con el esplendor del paraíso de los niños.

Al principio, me sentí avergonzada e indigna de ver un lugar tan puro y hermoso. Casi sin darme cuenta, grité: "¡Esto es el cielo!".

YO ESTABA MUY AVERGONZADA, SINTIENDO MI PROPIA INCAPACIDAD PARA CONTEMPLAR CUALQUIER DOMICILIO TAN PURO, BELLO Y MAJESTUOSO.

Mi instructora respondió: "Marietta, esto es algo de cómo la vida infantil es en el paraíso. Vamos a entrar y podrás ver aún más. Los mortales saben tan poco de la felicidad de sus pequeños que mueren siendo bebés".

Caminamos juntos.

"Aquellos que creen en Cristo se reponen de su pérdida cuando se someten en sus corazones. Una vez fui madre en el mundo de dolor y pérdida. Aprendí lo que era decir adiós a un bebé que vino al mundo sólo para romper mi corazón con la muerte. Aprendí a llorar, pero también aprendí el valor inestimable de la fe en la misericordia de Dios a través de nuestro Señor Jesucristo.

"Tres veces tuve a mis amados bebés en mis brazos. Eran carne de mi carne, hueso de mis huesos y vida de mi vida. Busqué a Dios y le adoré por los regalos preciosos. Apenas había comenzado a amarles y mirar hacia el futuro, se fueron y yo quedé triste y herida."

Su rostro mostraba el dolor que había sentido una vez.

"Yo confié en Jesús y los entregué a Él, creyendo que estaban bien. Pero, Marietta, si lo hubiera sabido, ¡si hubiera podido ver sólo lo que ves! Agregar mi fe a tal conocimiento me hubiese dado una paz mucho mayor. Porque el bebé que dejó a sus padres en la tristeza espera aquí por su llegada a salvo de los males del pecado. Mira, Marietta." Su rostro se iluminó. "Míralos."

¡MIRÉ Y HE AQUÍ! EL INTERIOR QUE SE ABRIÓ ANTE MÍ ERA EL DE UN TEMPLO ADORNADO GLORIOSAMENTE.

Mientras miraba, otra sección del interior se abrió de repente delante de mí. Era un templo bellamente decorado. En niveles circulares, uno levantándose por encima de otro, vi pequeños nichos en forma de segmentos de círculos. En cada uno había un espíritu infantil atendido por un ángel guardián. La función de los ángeles era preparar al niño para una mayor existencia, para que pudiera hacer una contribución santa y fructífera en su vida eterna. El ángel sopló sobre el bebé y cada respiración lograba ampliar su capacidad de vida. Inculcó un amor santo e inspiración, pues su poder venía de Dios. El Espíritu vivificante de Dios impregna todos los ángeles en el cielo.

Al entrar en la guardería, vi cómo los niños se levantaban con una conciencia aún mayor. Volvieron para mirar a sus ángeles, y se inclinaron sobre ellos y les otorgaron hermosas sonrisas.

¡Si yo pudiera describir propiamente aunque fuera esta guardería! ¡Si tan sólo pudiera fijarlo en tu mente, para que puedan apreciar plenamente su esplendor glorioso! ¡Entonces yo sería más feliz! Pero yo no soy capaz de hacerlo. ¡Cómo me frustran las palabras simples!

Vi otros ángeles, cuya misión era tocar música en una variedad de instrumentos. La música se mezclaba continuamente con voces angelicales, todo tan suave y hermoso. Era vida otorgada, trayendo energía y fuerza a los niños que estaban allí junto a sus sonrientes tutores.

"Esto", dijo mi guía, "es sólo uno de los muchos grandes templos o guarderías, todos ellos similares. ¡Si sólo los padres terrenales pudieran darse cuenta de que esto es como el lugar de nacimiento de los que dejan sus cuerpos antes de llegar a un entendimiento! A partir de aquí, ellos van a lugares especialmente preparados para ellos. Marietta, aún no has visto la parte más agradable de este templo".

Jesús y el bebé

Mientras hablaba, cada uno de los ángeles guardianes se levantó con su bebé y se paró en la gran área alrededor del ángel que tenía la cruz. Una luz brillante descendió desde arriba, iluminando un majestuoso séquito de ángeles que rodeaban al glorioso Redentor. Yo estaba totalmente asombrada por la escena.

Cuando se acercaron al centro, la visión de la cruz se desvaneció en una luz deslumbrante. La comitiva de ángeles hizo una pausa, y el Redentor sonrió y dijo: "Traigan estos pequeños a mí".[1] Estaba sobrecogida por la dulzura y suavidad de este gesto, y el amor que brillaba en su rostro. Mis rodillas cedieron y caí a los pies de mi guía celestial, pero ella me levantó y me abrazó.

Desearía que el mundo entero pudiera ver y escuchar lo que pasó después.

Mientras el Redentor hablaba, los ángeles guardianes se adelantaron y presentaron sus cargas a Él. Él sostuvo su mano por encima de ellos, y la bondad, como gotas de rocío, literalmente cayó de ella. Los niños parecían beber de estas gotas como si fueran una fuente de agua viva. La fuerza liberadora de su ser era el aliento de vida.

LA EMANCIPACIÓN DE ESE SER
ERA EL ALIENTO DE VIDA.

Canciones de redención salieron de entre los ángeles presentes mientras tocaban juntos sus instrumentos de cuerda. El Redentor agitó su mano para darles las gracias, y ellos se inclinaron en respuesta y velaron sus rostros en la prenda de gloria que, posteriormente, los envolvió.

Entonces los ángeles en cada cuarto de niños respondieron con sus propias canciones, y la música creció y resonó alrededor del vasto templo, mientras el Redentor y sus ángeles se levantaban fuera de la vista. Con eso, los ángeles del templo volvieron a sus tareas.

Mi guía me dijo: "Esta es la parte más sencilla de traer los espíritus infantiles aquí. Es una tarea tan feliz verlos desarrollarse. La Tierra habría sido el lugar adecuado para ellos, pero los hombres y las mujeres dejaron su pureza original[2] y rompieron su relación con los seres celestiales exaltados que podrían haber ayudado a este proceso de crecimiento y maduración.

"EL PECADO, MARIETTA, SEPARÓ LA CONDICIÓN DEL PECADOR DE LA DE LOS ÁNGELES. POR ÉSTE, SU NATURALEZA MORAL CAMBIÓ."

"Marietta, fue el pecado lo que provocó la diferencia entre el hombre y los ángeles. Éste cambió por completo la naturaleza moral del hombre. Los ángeles son puros y sin mancha. Ellos no tienen malos deseos para provocar mal en ellos y sólo la más pura vida fluye de ellos.

"Esa vida alimenta a otros. Los espíritus dependientes pueden prosperar debido a la influencia de los ángeles exaltados. De la misma manera, estos ángeles exaltados florecen en la gloria de los grupos más altos de ángeles. Estos grupos mayores se benefician de la influencia de una clase aún más elevada de seres. De esta manera, todos los seres espirituales puros se unen y viven en las esferas de la vida superior. Entonces, como un gran cuerpo, viven en la vida que desciende de Dios, que es la vida de todos.

"Los incrédulos y rebeldes están aislados de estas naturalezas superiores. Ellos no saben lo que han perdido, ni se dan cuenta de su necesidad del Redentor Salvador. Él es el único que puede restablecer la relación perdida. En este lugar, el maduro llega a entender la ley de la salvación y la vida en Cristo, y así llegar a adorar a su Redentor."

Ella me tomó del brazo. "¿Te diste cuenta de que después que el Redentor bendijo a los niños, todas las guarderías estallaron en alabanza? Eso fue totalmente espontáneo. Aquellos que conocen los efectos del pecado son bien capaces de reconocer la humildad y la misericordia de Jesús, y le adoran desde sus entrañas. Cuando Él se mueve entre ellos, cantan en silencio en su interior, pero cuando se retira, cantan en voz alta. Marietta, estos seres felices no pueden contener su alegría y acción de gracias más que la vida pueda dejar de fluir de Jesús. Es así a través de los cielos, pero sobre todo en los lugares de preparación de los espíritus de los redimidos." Mi guía susurró con asombro: "¿Te diste cuenta de que cada respiración que te rodea es en realidad una canción por separado de alabanza a Dios?".

Ella irrumpió de nuevo: "Si tan solo los hombres en la tierra supieran cuán bueno es Dios en la prestación de redención para ellos, dejarían de hacer el mal y aprenderían la justicia y los caminos de la paz. Marietta, ¿entiendes esto?".

SENTÍ EL REPROCHE, SABIENDO QUE
MI INFIDELIDAD ANTERIOR HACIA LA
SALVACIÓN POR MEDIO DE JESÚS, DE BUENA
GANA HABRÍA VELADO MI ESPÍRITU
DEL ESCRUTINIO DE ESE ESPÍRITU QUE
DE ESTE MODO SE DIRIGIÓ A MÍ.

Sentí el reproche, recordando mi falta de fe en la salvación de Jesús. Deseé poder esconderme del escrutinio del espíritu que me hablaba. Me había preguntado a menudo si el hombre vive para siempre y dudé que pudiera ser restaurado de su mal camino a través del Señor Jesucristo. Pero ahora me doy cuenta de que Jesús lo es todo y en todo. Él es la fuente de todo placer puro y santo, y el centro de todo lo que se me había permitido ver en el mundo de los espíritus.

Cuando los ángeles volvieron a cuidar los niños, mi guía me dijo que los espíritus de bebés ahora pasarían a otro grupo de ángeles para la siguiente etapa de su avance. En este proceso, yo sería testigo de la acogida de los recién llegados de la tierra.

Por encima de mí y de todo alrededor, vi a un nuevo grupo de ángeles parados, a la espera de entrar en el templo con los niños nuevos. Cuando los primeros ángeles habían entregado sus cargas anteriores, los nuevos ángeles entraron y llenaron el área central alrededor de la cruz.

"Estos ángeles son de una naturaleza más elevada", dijo mi guía. "Ellos están incluidos en una luz aún mayor que la del templo, e irradian un halo de luz que da vida y amor. ¿Ves? Se está intensificando y envolviendo al espíritu infantil.

"Esta luz lleva una música suave que toca cada fibra de su ser. Al escucharla, el Espíritu Santo los transforma y aumenta su capacidad.

Cada parte del niño es llevada a la perfección, trayendo salud y energía y expansión a su sistema. Esto desarrolla su intelecto, su juicio y entendimiento, y le permite disfrutar de la vida al máximo."

Restauración de un bebé

Nos detuvimos mientras un rayo de luz se movía sobre nosotros. Éste me permitió ver que estos niños delicados estaban en realidad incompletos e incapaces de funcionar. Cada parte de ellos estaba separada, capaz de moverse, pero sin control, moviéndose solamente en espasmos. Me recordaban hermosos instrumentos musicales, pero sin cuerdas.

Desconcertada por todo esto le pregunté a mi guía. "Cuando vi por primera vez un espíritu infantil, parecía tan frágil que pensé que iba a morir, pero una luz brilló hacia abajo sobre él y se movió, como si hubiera recibido vida y energía. No obstante, ahora puedo ver los tejidos y órganos del bebé, y todos ellos están descompuestos. ¿Puede que alguna vez se restablezcan? ¡Son tan complejos!"

UNA VEZ MÁS VI LOS TEJIDOS POR SEPARADO, APARATOS Y SISTEMAS DE ÓRGANOS DE ESE BEBÉ Y ¡HE AQUÍ! TODOS ESTABAN SEPARADOS. DIME, ¿CÓMO PODRÁ TODO ESTO TAN VARIADO, COMPLICADO Y DESQUICIADO UNIRSE EN ARMONÍA?

Para mi respuesta, fui una vez más rodeada de luz. Puso de manifiesto las numerosas funciones del espíritu del niño respondiendo al tacto de un poder invisible, para que se mezclen y adapten el uno al otro en perfecta armonía. Cuando se unieron, perdieron su identidad separada y se convirtieron en un ser único, completo y perfecto.

Inconscientemente, pronuncié las palabras "Gloria a Dios por sus milagros" porque estaba mirando a un niño restaurado, un espíritu en toda la perfección de la vida angelical. Miró hacia la cara de los ángeles y se sonrió. Pensé en mi primera visión del niño, marcada por los efectos del mundo maldito por el pecado y luego volví a mirar esta vida nueva. Me acordé del texto de la Biblia: "No te sorprendas de que te dije, tienes que nacer de nuevo".[3] Sentí también la fuerza de las palabras de David en los Salmos: "Porque formidables, maravillosas son tus obras".[4] En cuanto a mi guía, le pregunté: "¿Es esto real? ¿Es esta la redención de un espíritu?".

"Sí", dijo mi guía. "Lo que has visto realmente ha tenido lugar. Es la obra de la gracia en un espíritu corrupto por el pecado."

Hizo una pausa y se atragantó con las palabras: "El pecado es la violación de la ley de Dios. ¡Marietta! La calidad que se perdió en este niño a causa del pecado no se pudo restaurar simplemente por cosas como la luz que desciende de los ángeles o por su hermosa música. Los ángeles guardianes no pueden suministrarla. Sólo pueden dar apoyo durante el proceso.

"El único que tiene el poder para hacer este trabajo de restauración es el Redentor. Él afina cada fibra del ser infantil, purificando e inspirando la vida de santidad en el alma, para dar nueva vida, salud, energía, voluntad y amor. Luego trae este nuevo ser a una vida perfecta. Entonces puedes ver un espíritu hecho completo por la redención.

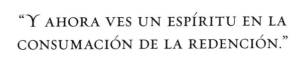

"Y AHORA VES UN ESPÍRITU EN LA
CONSUMACIÓN DE LA REDENCIÓN."

"Marietta, atesora esto en tu corazón. Recuerda también que éste es sólo un bebé de los muchos que has visto en esta guardería".

Una onda de sonido llamó mi atención. "Ahora escucha, Marietta. ¿Puedes oír los ángeles? Ellos están cantando alabanzas a Dios y al Cordero de redención. Hay multitudes de estos espíritus y siempre agradecen a Dios así, cuando el espíritu del recién nacido es llevado al cielo."

Miré hacia arriba y mi espíritu se encendió según la canción se levantaba, ola tras ola, en ascendente alabanza, adoración y gloria inefable y divina. Como dijo Juan en el libro de Apocalipsis, era como "el estruendo de muchas aguas."[5] Parecía como si toda la ciudad se convirtiera en una voz de alabanza.

"¡Así que esto es el cielo!", exclamé.

¡Debe ser maravilloso ser considerado digno de entrar en la ciudad de Dios! Y si esto es sólo el paraíso infantil, si esto es sólo la canción para la restauración de los espíritus bebés, ¡cuánto mayor será la gloria cuando la redención de toda la humanidad esté completada! ¡Qué maravilloso será ese día! Todos los redimidos, la novia del Cordero,[6] tomarán arpas de oro para alabar a Dios a medida que suben de la gran cena de las bodas en el cielo.[7]

La felicidad que experimenté fue tan estimulante que traté de unirme a los hermosos cantos de alabanza, pero al hacerlo, los recuerdos de mi indignidad me vencieron y caí en los brazos de mi guía.

Los bebés adoran en la cruz

Miré hacia arriba en la cara de mi guardián celestial, y vi sobre ella una expresión de profunda emoción. Sus ojos estaban fijos hacia arriba intensamente y sus labios se movían como si estuviera orando. Al principio, se veía tan triste que yo pensaba que iba a llorar, pero me di cuenta que las lágrimas habían sido más que una pobre expresión de sentimientos profundos. Me pregunté a mí misma: "¿Es posible que los ángeles pueden llorar? ¿Puede entrar el dolor a esta ciudad santa?"

La música se detuvo y su eco se desvaneció lentamente en la distancia. El silencio reinó en la vasta área. No me atrevía a moverme. A continuación, una luz brilló desde arriba sobre mi protector, con un brillo creciente. Sus ojos seguían fijos, pero su respiración se hizo más profunda, sus labios quietos, y su rostro resplandeciente adquirió una expresión de profunda reverencia. Estaba tan impresionada por su emoción que no me di cuenta de la causa de ello hasta que, sin volver los ojos, tocó suavemente mi cabeza y señaló.

Con asombro, me paralicé con la escena delante de nosotros. ¡Allí! ¡Oh! ¡Quisiera que todo el mundo lo supiera! Allí, colgado en la cruz, sangrando y muriendo, mi Señor y Redentor! ¡Oh! ¡Qué visión! Ningún corazón humano puede saber cómo afectó los espíritus que sirven en el paraíso infantil. La corona de espinas, los clavos, la forma destrozada, la sangre fluyendo, la mirada de compasión, todo estaba tan claramente revelado a mí. Ellos hablaron de los sufrimientos más intensos y atroces.

...LA MIRADA DE COMPASIÓN SE
MANIFIESTA TAN CLARAMENTE Y SE
COMBINA, COMO PARA TRANSMITIR
AL ALMA UNA IDEA DEL SUFRIMIENTO,
EL MÁS INTENSO E INSOPORTABLE.

De todas las partes de la ciudad, ángeles guardianes con los espíritus de sus infantes se reunieron alrededor de la cruz con una profunda humildad y reverencia santa. Los ángeles tenían a su cuidado los espíritus bebés, mostrándoles la cruz y el sacrificio. Entonces, un ángel descendió, vestido con ropas brillantes. Él se movió alrededor de la cruz, sosteniendo su corona brillante en la mano. Se postró y adoró en silencio como todos los que se habían reunido allí.

Al tornarse a los ángeles guardianes, dijo: "Adórenle porque Él es el Redentor de la raza caída. ¡Que todo el cielo le adore!". Él levantó su mano derecha y vi en ella un pequeño libro. Siguiendo su ejemplo, todos los ángeles hicieron lo mismo, cada uno con un libro de tamaño similar.

En este punto, apareció un coro de ángeles. Ellos tenían palmas en sus manos y a una sola voz cantaron alabanzas a Dios y al Cordero. No podía entender la primera canción, pero terminaron con las palabras que el Redentor habló hace mucho tiempo: "Dejad que los niños vengan a mí. El reino de los cielos es de quienes son como ellos. Dios ha ordenado que los pequeños le traigan alabanza perfecta".[8] ¡Amén, aleluya, Amén!

Entonces los ángeles guardianes se acercaron a la cruz. Presentaron a los niños bajo su cuidado, fueron abordados por el ángel con la corona de brillantes, pero el mensaje era enteramente más allá de mi comprensión. Después de esto, cada niño fue tocado con un chorro de luz. Ellos sonrieron e inclinaron sus cabezas, y levantaron en sus diminutas manos unidas la imagen de la cruz que los ángeles les habían dado.

Una vez más, se acunaron en los brazos de sus protectores y el coro cantó otro himno. Los espíritus se sumaron a los alrededores, llenando la ciudad con el sonido. A continuación, la cruz y el sacrificio desaparecieron y los ángeles volvieron a sus lugares.

Durante todo esto, mi guía no se había movido o hablado. Parecía estar totalmente absorta en lo que estaba ocurriendo.

Después de un rato, le pregunté: "¿Puede existir el cielo sin la cruz y el sacrificio? Estoy aprendiendo que la cruz está en el centro de todo aquí. Todo espíritu la venera y en cada himno de alabanza se menciona el nombre del sacrificio".

¿EL CIELO PUEDE EXISTIR SIN LA CRUZ Y EL SACRIFICIO? ESTOY APRENDIENDO QUE LA CRUZ ESTÁ EN EL CENTRO DE TODO AQUÍ. TODO ESPÍRITU LA VENERA Y CADA HIMNO DE ALABANZA MENCIONA EL NOMBRE DEL SACRIFICIO.

Ella respondió con énfasis solemne: "La cruz está siempre en las mentes de los espíritus redimidos. La ves en todos los aspectos de este lugar. Cada flor y cada obra artística tiene la cruz en ella, como si una mano invisible la hubiese tejido en todo. Es el símbolo del amor redentor, y toda la instrucción dada aquí está basada en ella.

"Los ángeles guardianes enseñan a los niños acerca de la redención a través de Jesús y su sufrimiento en la cruz. Cada grupo se instruye de modo que la cruz y el sacrificio estén firmemente implantados en sus mentes. De esta manera, la verdad de la cruz y el sacrificio se convierten en parte de sus vidas.

"Todos los espíritus redimidos son tratados de esta manera. Cuando un alma es sellada con la cruz, la luz resultante es obvia para todos los ángeles y las personas redimidas. Debido a esto, los malos espíritus o seres malvados no pueden ocultar su verdadera naturaleza. Cuando la cruz no brilla, no hay amor puro y no hay paz con Dios. Marietta, en el cielo no hay posibilidad de engaño.

"Pero lo que has visto hasta ahora es sólo una introducción a estas cosas. A su debido tiempo se explicarán más detalladamente."

La historia se reanuda en el capítulo seis.

Apoyo de la
Palabra de Dios

1. Jesús dijo en Mateo 19:14: "Pero Jesús dijo: Dejad a los niños venir a mí, y no se lo impidáis; porque de los tales es el reino de los cielos".

2. Ver Génesis 3.

3. Ver Juan 1:12-13; Juan 3:1-17.

4. Ver el Salmo 139:14.

5. Ver Apocalipsis 1:15; 14:2; 19:6.

6. En Apocalipsis 19:6-9, la iglesia, que consta de todos los creyentes, se describe como la novia de Cristo, santificada por su sacrificio. Véase también Efesios 5:22-32.

7. "Bienaventurados los que son llamados a la cena de las bodas del Cordero" (Apocalipsis 19:9).

8. Ver Mateo 21:16; Salmo 8:2.

APÉNDICE C

¿Qué sucede al morir?

*E*STA HISTORIA HA RESUCITADO LA PREGUNTA ETERNA: "¿QUÉ nos pasa cuando morimos?". Los tabúes de la sociedad nos hacen reacios a preguntar, pero es una pregunta que no va a desaparecer.

Hemos leído acerca de notables escenas del cielo y el infierno, que parecen extrañas a nuestras mentes terrestres. Por extraño que pueda parecer, el tema recurrente de cómo podemos lograr la paz con Dios y la vida eterna con Él en el cielo está sólidamente consistente con el mensaje del evangelio eterno.

Mire de nuevo a algunos de estos extractos de la historia:

El viejo: *"¡Mira lo que la gracia redentora ha hecho!"*.

La amonestación de los ángeles a Marietta: *"Debo advertirte sobre la incredulidad y la falta de fe y dedicación que mostraste en la tierra. Porque no hay otra forma, aparte de Cristo, el Redentor, para encontrar una herencia en este lugar"*.

El grito de Marietta en el infierno: *"¡Oh! ¡Si pudiera tener sólo una hora de vuelta en la tierra, por un tiempo, sólo un breve tiempo para hacerme apta para el cielo!"*.

Las palabras de Jesús: *"Yo he venido para que la salvación pueda ser dada al mundo y que todos... puedan obtener el perdón y la vida eterna mediante la fe y el arrepentimiento"*.

Por último, de Justicia: *"...el pecador será restaurado. Obtendrá esto a través del arrepentimiento para con Dios y la fe en el Señor Jesús".*

La historia ha hecho mucho más que despertarnos al mundo de más allá. Nos ha dado el conocimiento incalculable y la oportunidad de hacer la paz con Dios, para tener una vida con Él en la tierra y una vida eterna en el cielo.

Hoy puede ser el mejor día de tu vida, mientras *"entras por la puerta estrecha"* para encontrarte con Dios y comenzar la eternidad con Él.

El camino estrecho

Entrad por la puerta estrecha; porque ancha es la puerta, y espacioso el camino que lleva a la perdición, y muchos son los que entran por ella; porque estrecha es la puerta, y angosto el camino que lleva a la vida, y pocos son los que la hallan.

—JESÚS, MATEO 7:13-14

Dos destinos

Había un hombre rico que vestía de púrpura y de lino fino, y vivía en lujo todos los días. En su puerta se colocó un mendigo llamado Lázaro, cubierto de llagas y deseoso de comer lo que caía de la mesa del rico. Hasta los perros venían y le lamían las llagas.

Llegó el momento en que murió el mendigo, y los ángeles lo llevaron al seno de Abraham. El rico también murió y fue sepultado. En el infierno, donde estaba en tormentos, levantó los ojos y vio de lejos a Abraham, y a Lázaro junto a él. Lo llamó: "Padre Abraham, ten piedad de mí y envía a Lázaro para que moje la punta de su dedo en agua y refresque mi lengua porque estoy atormentado en esta llama."

Abraham le contestó: "Hijo, recuerda que en tu vida recibiste tus bienes, mientras que a Lázaro le fue muy mal, pero ahora éste es consolado aquí y tú, atormentado. Y además de todo esto, entre nosotros y vosotros un gran abismo se ha fijado, de manera que los que quieren ir de aquí para allá no pueden, ni nadie puede cruzar de allá para acá."

Él respondió: "Entonces te ruego, padre, envía a Lázaro a casa de mi padre porque tengo cinco hermanos. Permítele advertirles, para que no vengan también a este lugar de tormento."

Abraham respondió: "Tienen a Moisés y a los profetas; que los escuchen."

"No, padre Abraham", dijo, "pero si alguien de entre los muertos va a ellos, se arrepentirán".

Él le dijo: "Si no escuchan a Moisés y a los profetas, tampoco se persuadirán aunque alguno se levantare de los muertos".

—Jesús, Lucas 16:19-31

No lo ignore

¿Cómo escaparemos nosotros, si descuidamos una salvación tan grande? La cual, habiendo sido anunciada primeramente por el Señor, nos fue confirmada por los que oyeron. Testificando Dios juntamente con ellos, con señales, prodigios y diversos milagros y dones del Espíritu Santo según su voluntad.

—Hebreos 2:3-4

La Ciudad Santa

"No he visto un templo en la ciudad, porque el Señor Dios Todopoderoso y el Cordero son su templo. La ciudad no tiene necesidad de sol ni de luna que brille en ella, pero la gloria de Dios la ilumina y el Cordero es su lumbrera. Las naciones andarán a su luz y los reyes de la tierra traerán su gloria y honor a ella. Sus puertas nunca serán cerradas porque allí no habrá noche. La gloria y el honor de las naciones se han presentado. Nada impuro entrará en ella, ni cualquier persona que hace lo que es abominación y mentira, sino sólo aquellos cuyos nombres están escritos en el libro del cordero de la vida.

—JUAN, APOCALIPSIS 21:22-27

Reinar con Dios

Y el ángel me mostró un río de agua de la vida, tan claro como el cristal, que salía del trono de Dios y del Cordero, en medio de la calle de la ciudad. A cada lado del río, estaba el árbol de la vida, que produce doce frutos, dando cada mes su fruto. Y las hojas del árbol eran para la sanidad de las naciones. Ya no habrá ninguna maldición. El trono de Dios y del Cordero estará en la ciudad y sus siervos le servirán. Ellos verán su rostro y su nombre estará en sus frentes. No habrá más noche. Ellos no necesitan la luz de una lámpara o la luz del sol porque el Señor Dios le dará la luz. Y reinarán por los siglos de los siglos.

—JUAN, APOCALIPSIS 22:1-5

La única forma de alcanzar la salvación es simple, como se describe anteriormente. Arrepiéntase de sus errores anteriores y, por la fe, acepte el perdón que Jesús ganó por usted. Usted puede hacer esto con esta simple oración:

Señor Dios, reconozco que he pecado contra ti. Estoy arrepentido por esto y ahora elijo cambiar mis caminos. Por favor, ayúdame a hacerlo. Acepto con gratitud tu perdón y Espíritu en mi vida. Te doy gracias porque ahora soy tu hijo. Te serviré por el resto de mi vida y por la eternidad. En el nombre de Jesús, Amén.

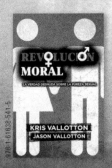